朗読
声を奏でる

こえことばの表現技法

さきえつや

晩成書房

まえがきに

　王様の耳はロバの耳、話したくてたまらなくなった床屋さんは深い穴を掘って思いっきり叫んで、しっかり埋めたんだけれど、いつかどんどん溢れ出してきて、町中の人が聞いてしまった。講堂の舞台脇の空室で先生が話してくれた。小学一年の少年はそれこそ全身を耳にして熱くなって聞いていた（1940年大戦前夜7月ごろ）。

　その時話している人はお話しと一体であり、聞いている人もお話しの中にあり、お話しの流れに身を浸している、といってもいい。

　自分でお話しは作れなくとも、人の作ったものを借りて話すと、自分の話したいことがその中に盛り込まれていく。自分の人生の体験が流れ込む。そのようにお話しを話してもいいのではないでしょうか。

　お話しを忠実に語る。作品を「正しく」よむ。作者の意向を十分くみ取る。これが一般的といえるでしょう。
　でも、こういうのはどうでしょう？
　自分の自己表現の、一つの手段として、絵を描くように、音楽を演奏するように、お話しを語る。語られたものは、わたししかできないもの、になります。
　こういう出発点、なにか自分の中にあるもやもやとあるものを、朗読の中で表すというやり方でやってきた人たちの、これはそのレポートです。
　一語一句のふくらみに気づき、それを自分の声で言えた実感をはずみに、さらに一つの文、一つの作品を、話し、語れるようになっていった道筋が、明らかにされています。
　それははからずも、ひとつの《朗読の技法》といっていいものです。多少の順序立てと整理をしてあります。でもどこから入ってもよく、朗読をこれからやってみようと思われている方の案内に、また、すでにおやりになっていて、今突き当たっている問題をときほぐす手がかりに、あるいは、やはり似かよった山を越えて行かなければならないのだと心強く思われる励みにしていただければと思います。

朗読：声を奏でる ―こえことばの表現技法●**目次**

まえがきに………… 1

A 息から声、声から発音(おと)まで————————— 5

Ⅰ 息から声――毎回やりたいウォーミングアップ………………… 6
（1）まずは身体をあたためて　　　（2）息の出し入れ気にしてみましょう
（3）こえだしはハミングから　　　（4）こえおとを拡げる
（5）発音ブラッシュアップ

Ⅱ 遊びの感覚で ……………………………………………… 11
（1）初めは遊びでチヨコレイト　　（2）息一杯にこえを出す
（3）こえおと遊び

Ⅲ わたしの日本語音づくり ………………………………… 14
（1）ウ・イの特訓早いうち　　　　（2）はなのくも
（3）あいうえおうた　　　　　　　（4）ういろううりの口上
（5）一つ童謡をうたってみる

Ⅳ 相手がいるのを忘れちゃならない――はなしかけ ………… 23
（1）あなたの声はどこへ行った？　（2）相手にきちんと声をかける
（3）みんなに声がとどく

B ことばときもち————————————— 29

Ⅰ 気持ちの集中―5つのエリア …………………………… 31
（1）5つのエリアとは？
（2）5つのエリア　読むとき役立てて
①事実　②生理感覚　③イメージ　④感情　⑤行動（アクション）

Ⅱ はじめのはじめ―思い切って大胆に ……………………… 47
（0）「イメージは外に作る」を基本に　（1）一気に読んでみる
（2）気持ちの変わり目、場面は移る

C 物語を読む　話し手（語る人）になってみてわかること ————— 55

Ⅰ 一つの作品と取り組む ……………………………………… 57
（0）一作品に取り組む
【朗読レッスン】芥川龍之介「蜘蛛の糸」 57

Ⅱ 場面の細かい取り組み ……………………………………… 70
（1）もの語り
（2）出だし
【朗読レッスン】モンゴル民話「スーホの白い馬」 71
（3）一人の視点を追っていく
　A　人物の気持ちを追う
　　【朗読レッスン】志賀直哉「菜の花と小娘」 77
　　【チャレンジ】藤沢周平「寒いあかり」 85
　B　人物のアクションを追う
　　【朗読レッスン】幸田文「なた」 85
　　【チャレンジ】宮部みゆき「紙吹雪」 88

（4）別な人物が現れる
　　　　【チャレンジ】宮本研「花いちもんめ」　89
（5）ことが起きる（事件・出来事）
　　　　【朗読レッスン】三浦哲郎「ふなうた」　91
（6）関係は？
　　　　【朗読レッスン】江國香織「冬の日、防衛庁にて」　95
（7）しめ　結末
　　　　【チャレンジ】「蜘蛛の糸」「菜の花と小娘」「冬の日・防衛庁にて」最後の部分を読む　100

D 話す人∽話すもの(作品)∽聞く人 —————— 101

I 聞き手がいるから ……………………………………… 102
（1）一人一人に聞いてもらう　　　（2）みんなに聞いてもらう
（3）エネルギーが要ります

II 話し手のほうで ………………………………………… 104
（1）はなし出し　　　　　　　　　（2）はなし出す時自分の気持ちを高めておいて
（3）おはなしの山がいるの？　　　（4）はなしのお終い

III 語り手の息と文の息 …………………………………… 106
（1）話す人のイメージが止まっていまっていませんか？
（2）話す人の気持ちは動いていますか？

E 突然ですが声にトラブル それでもやりたい ————— 109

I 声つくり　たっぷり声が出せるまで …………………… 110
（1）声が、か細くしか出ない　　　（2）尻切れではどうも
（3）息ばかりでも　　　　　　　　（4）甲高い声はいただけない
（5）作り声とは思ってなくても

II どこで止めていいかわからない（ブレーキ利かず） ……… 112
（1）息一杯に続けられてはたまらない　（2）どこで区切る
（3）句・文節を意識して　　　　　（4）イメージ一応作っているけれど
（5）時間列を空間構成にすることも

III うたうという現象　聞き苦しい？ 本人はきもちいい？ ……… 114

IV この一音が苦手 ………………………………………… 115
（1）苦手な一音
　　　　【朗読レッスン】有島武郎「一房の葡萄」　117

V 方言・訛りを直したい …………………………………… 119

F もっと的確に、生き生きと ————————— 121

I こんなことも気に留めておいて ………………………… 122
（1）一音一拍、過去のもの？　　　（2）日本語はお終いが大事
（3）文体（文章のクセ・特徴）どこまで生かせる？
（4）文章の新しい表現に語り手が初めて出会った時、どうしよう？
（5）付けたりと思う最後の部分を取り込む（ムダはない）
（6）話す台本を作る　　　　　　　（7）文章（作品・話し）を借りて自分を表現する
（8）なげき節はいただけない

Ⅱ 詩を読む─解釈通りじゃつまらない ……………………………………………… 125
　　　【練習1】北原白秋「落葉松」　126
　　　【練習2】宮沢賢治「春と修羅」　127

G 練習と発表 ─────────────────────── 129

Ⅰ 練習のすすめ方 ………………………………………………………………… 130
　　　（1）一遍にはできない　少しずつ育てる、それが練習？
　　　（2）おおまかに・こまかに、組み合わせて　（3）どこまでやったらいいの？

Ⅱ 発表のとき ……………………………………………………………………… 132
　　　（1）発表するとき　　　　　　　（2）よいグループ作り
　　　（3）作品選びはけっこう大変　　（4）ひとり立ち

H 朗読─言葉の整理 ─────────────────── 135

Ⅰ 定まっていない言葉 …………………………………………………………… 136

Ⅱ 「朗読」という言葉から ……………………………………………………… 139

Ⅲ 朗読にまつわるコトバ ………………………………………………………… 141

　　あとがき………… 145

　　　参考文献………… 146
　　　著者紹介………… 147

A
息から声、
声から発音(おと)まで

まず、声がうまく出るかどうか、発音がちゃんとしているか……
ウォーミングアップです。

I 息から声へ
毎回やりたいウォーミングアップ

（1）まずは身体をあたためて

　朗読する前には、ぜひ、全身の軽い運動をしましょう。身体全体をあたためて、いきいきとさせておくのです。とくに首、肩、背中をリラックスさせるようにゆっくり大きく動かして。これまでやっていた運動を少し念入りにゆっくりするだけでいいでしょう。

　［おすすめの体操：〈対話体操〉——こえことばの会で、年来やってきています。やり方は、さき著『からだのドラマレッスン0』（晩成書房）レッスン1で、詳しく説明しています。］

（2）息の出し入れ気にしてみましょう

　まず準備、普通に今ある息を吐いて吸って、2〜3回、呼吸します。かならず、「吐く」から始めます。あらためて、大きく吸ったりはしません。

①【あたま】それから、頭に集中して息を出し入れします。あたまのあらゆるところから、外へ内に息を通わせるように。呼吸と共に。イメージで（気と言ってもいい）。

A 息から声、声から発音まで

・少し深く呼吸をすると、からだと、からだの外側の境が、意識され、そこに呼吸と共に
　息としか言いようのないものがかすかに出入りする感じを、つかまえられるといいので
　すが。しばらくは、息を通わせるという感じだけで試みてください。
・どこから出す？　といえば、全細胞とでも言ったらいいか、息を出して、入れるのは周り
　から、あたまのあらゆるところに息を通わせるかんじで。
・２〜３回やってみましょう（以下の各パートについても同じです）。

②【くび】おなじように、くびに集中して息を出し入れします。少しかたむけたりして、空
　いている感じをつかんだりしながら。
・くびは、普通は忘れろというけれどこれは特別。

③【むね上部】むねの上のほうに集中します。つながっている、うでの中も息を通すつも
　りで。
・両うでを広げてもいい、感じがつかめるように。指先まで息が通うように。わき、せなか
　のほうにも息が通うように。

④【むね】むねぜんたいに集中します。

⑤【おなか】おなかぜんたいに集中してやってみます。
・息はふかくなる。こし、両脚の方までも、できたら中に通わせるかんじ。
・さらに【したはら】まで、分けてやってもいいのですが、立ちくらみする場合がありま
　すので無理しないでください。

★呼吸するとき使う筋肉と、声を出すときに使う筋肉とが、別なことを区別できるといい。

（3）こえだしはハミングから

①【n音で】ナをいおうとして止める。舌の先を上の歯の付け根に付けたまま、唇はあけて
いて声を出すと、ハミングになります。のどを開けて（ハミングは、ンをひびかせるかんじ）。

②【m音で】マをいおうとして止め、両唇はかるく閉じたまま、のどを開けて、はなに息
を通しながら、ハミング。

③【ng音で】のどを閉じ、口はかるくあいたまま、鼻にぬいておとをひびかせるかんじの
ハミング。のどの開閉は"のどちんこ"といわれる箇所。鼻濁音のガ行を言っていくと知

覚できます。

④【口を開けて】ng音ののどを開き、口を開けて、こえを外へ出さないまま、ハミング。

（4）こえおとを拡げる

①大きい小さい（こえの）母音で「アイウエオ」
　できるだけ大きい声、小さい声、いろいろな大きさの声、長く出したり、短く出したり、つなげて出したり切って出したり。音程も自由、大きい小さいが眼目。
　母音だけの方がやりやすい、区別つけやすい。移り方も、各人自由。
　切って出すときだけ、のどにかけないように、できればおなかで止める。

②横隔膜運動──笑うだけ「ハヒフヘホ」
　準備をちょっと（いきなりは、やれない人のために）
ⅰ）息を吸わないでハッハッ２回吐く（つまりおなじ息で）
　のどで止めない。できればお腹でとめるかんじ。
　　（やる直前に大きく息を吸い込む必要はありません。二度目、息を吐く前、気づかないで吸ってしまっていることが多いから注意して）
ⅱ）この「２回」を何回か試みる

　できるようになったら次へ進みます。ひざを少しゆるめていてください。
ⅲ）「２回」確実にできれば、あとは細かく吐き続けるだけ
　息なくなるまで。なくなったら入れる。息一杯。
・初めのうちは一人で
・さしつかえなければ、相手をつかまえて
・ひざを叩きながらとか
・笑いころげてもいい、床に
　　ハッハッハ　ヒッヒッヒ　ホッホッホ　ヘッヘッヘ　フッフッフ
・感情が誘われて出てきたら任せて、その感情を入れていって

③高い低い（こえの）すべての音（にほん語の）を使って「いろは歌」
　「いろはうた」（忘れている人のために）

> いろはにほへと　ちりぬるを　わかよたれそ　つねならむ
> うゐ(い)のおくやま　けふこえて　あさきゆめみし　ゑ(え)ひもせす

8

長くだしたり、短くだしたり。大きくしていったり、小さくしていったり。
急に高く、低く。ともかく自由に。裏声になったり、少し変な声が出てもいい。
のどに引っ掛けて痛めないように。

（5）発音ブラッシュアップ

●口の運動（あご・舌・くちびる・のど）
　毎回ではなくても、随時やってみましょう。

【あご】左右に、大きくゆっくり動かす。動いているかどうか確かめるには、上下の歯を軽く閉じて、すり合わせるようにして、横にずらしていってみる（実際に動くのは下あごのみです）。
　くちびるを曲げたりして、動いているつもりになっている場合もあるから注意。
　オ段音（オコソトノ……）、**ア段音**（アカサタナ……）の口の奥のアキを広げる。指をたてにそろえて、2本、3本と、口にいれてみて、アゴを開けている感覚をおぼえる（このとき、唇は無理に大きく開こうとしない。唇の力は抜いて、らくに開いた大きさで）。
　ⅰ）無音で　ⅱ）少し声出して（息は口の外、前に出しながら）
　a) 母音の口形をしながら　b）少しあいまいな形にかえながら

【くちびる】マ行音、パ行音、バ行音で。
　マ行音は鼻に抜かないように、基本的には。抜くのもやってみるといい。違いを確かめてみてください。マ行音は鼻音ではない。確かめてできるようにする。
　初めゆっくり。確かめながら。つぎに、早くつづけさまに音を出してみる。「ママママママ……」のように。いつもずっと息は前へ出つづけているように。
　ⅰ）**無声で**（息だけで、音を出す形にして。
　　　口の中の形、息が外に出ていく感じをよく覚えておきます）
　ⅱ）**少し声出して**（息は口の外、前に出しながら）
　ⅲ）**発音、はっきり声出して**（口の外、前に音が出るように）

このⅰ）～ⅲ）を★**セット**とします。

【舌】
・ラ行音（巻き舌の人と、上歯の付け根に舌先を当てて出す人とある。両方やってみて。あそび心がいいですよ）
　おなじく★**セット**でやってみます。
・タ行音、ダ行音（舌先がどこに当っているか確かめて。舌が広がってる人がまれにいます×、ダ行音で）★**セット**でやってみます。
・サ行音、ザ行音（舌は、すきまを作って動かさないでいるのです。息を出してから声を出

すと強い音になる。ダ行音と間違えられることが多くて悩んでいる人がいるかも。）
　以上いずれも舌が柔らかすぎると、あいまいになりがち。★セットでやってみます。

【のど】カ行音、ガ行音（口の奥から息が、口の外に出るように。声はつられて出るはずですが）
　★セットでやってみます。

──以上だいたいつかめたら……
・ママママママ、ミミミミミミ……と連打するように、一通りやってみる。
　マ行→ラ行→ナ行→タ行→ダ行→サ行→ザ行→カ行→ガ行と、
　ゲゲゲゲゲゲ、ゴゴゴゴゴゴ、まで。
・拗音もやっておきましょう。ミャミュミョ……
　ミャ行→リャ行→ニャ行→チャ行→ヂャ行→シャ行→ジャ行→キャ行→ギャ行

Ⅱ 遊びの感覚で

（1）初めは遊びでチヨコレイト

　まずちょっと体を動かしてみましょう。

　これは毎回やるのではなく、本当に初めてやろうとする人の最初だけのものです。（一人でもできますが、ま、何人かでやった方が楽しいものです。その時は、進行役がいたほうがやりやすいでしょう。リーダーというほどでなくて）

　やり方は小さい頃やった、あれです。

ⅰ）2人組んで、進む方向を決め、ゴールも決めておいて、ジャンケンして、グーで勝ったら「グリコ」と言いながら3歩、チョキで勝ったら「チヨコレイト」と言いながら、6歩。パーで勝ったら、「パイナツプル」6歩進む。今はいろんな言い方があるようですが、これでいきます。

＊子どもに返って、ジャンケンポンから大きい声で。しばらく遊んで。

＊大股というより少しだけ跳ぶようにしても、そのほうがいい。（くれぐれも無理は禁物）

ⅱ）今度は、自分の名前を大声で言いながら、一音一歩で（少し跳んで）進む。小さい場所でやる場合は、折り返しがいい。

　うまく動きと発音がマッチするように。

＊片脚が踏み切った時に、声が出始めて、着地した時に一音言い終わる、と同時に、次の音が始まる。──というのを、人のを観察しながら、自分のやったのを思い返しながら確かめて。

（４）息一杯にこえを出す（声が出にくい人のためのこころみ）

①片脚どんとやってから
・片脚を少し前にだし、ドンと床を踏んでからすぐに、アーと声を出す（息一杯）。
・片手を真上からまっすぐ前に振り下ろして、声を出してもいい。

②振り向いて遠くへ
ⅰ）両足を肩幅に開いて、真後ろに一点目標を定めておく。（３～５ｍさき、今の目線より少し上に）
ⅱ）膝を軽くゆるめて立つ。前に片足を一歩ふみだし、膝を曲げて腰をおとし、下半身を安定させ、同時に片腕を水平にま横に振り出し、指先をまっすぐにはなれた先の目標をさし示す。初めはゆっくり動作を確かめておく。
ⅲ）この動作を一気に、素早くやる。次に、息を目標に向かって吐く（わかりやすくシューッと音を立てて、息がなくなるまで）。
ⅳ）この動作をしながら、ヤアーッと声を付ける。
（振り向くと、首が回って、声帯のまわりの力が抜けるという）

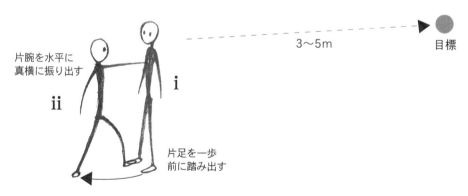

③ほかの人の体を押しつつ
　自分はとても大きい声など出ないと思こんでいる人は、ぜひこの方法を試してください。
ⅰ）はじめ、ほかの人の体を腕で押して、動かそうとしてみる。
ⅱ）息を一緒に吐いてみる。初めはほんの少しでもいい、だんだん息の量を増やしていく。
ⅲ）声を出したくなったら、息と一緒に、ウでもなんでも、出せる声を一緒に出してみる。押している人のむこうに突き抜けるように。

(5) こえおと遊び

①音のたま投げ（音のドッジボール・音のボーリング）
ⅰ）たま（ドッジボールぐらいの大きさ）を仮に、両手のひらで作り持って、そのたまに音がみたされているイメージで、相手に、受け取れるように投げ込みます。
　（マならマというこえ音をたっぷり。はじめのうちは、一音だけ）
　受け止める人は、投げた人の声のたまが、自分に届いた感じをつかまえて。届いてこなかったら、言ってあげたりして。
ⅱ）次に2音で。パッといってしまわない。（たとえば「アサ」。アの音がしっかりできてから、サと続けてひとまとまりに）
ⅲ）3音のことば、4音のことばとふやしてみる。

②息（音）の習字
　自分の前に大きい紙があるとイメージして、その紙の上に息で大きく好きなかな文字をひとつ書く。（紙は、垂直に、大きさは、頭一つ上からおなかのあたりまで、幅は身体の約3倍ぐらい。はじめ腕を伸ばしたくらいのところにあるとして）

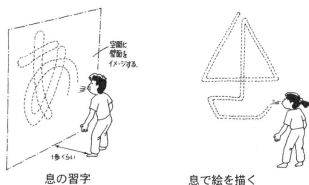

息の習字　　　息で絵を描く

ⅰ）一息で、つづけられないところは、息を保ったまま（外に出さないで。「保息」と言います）同じ息で終わりまで、書き終わりで息も出し終わる。
ⅱ）つぎに、自分の名前を、ひらがなで一文字ずつ。
ⅲ）さらに、息だけでなく。書いている文字の音を声で言いながら。
（切れ目、保息のところは、あくまでも息を止めるのではなく、たもつ。できればのどで止めないで、おなかで止める）

――あそびで
ⅰ）一筆書きの、ヨット、ちょうちょ、花、などを書く。
ⅱ）描いたものを、息で動かしてみる。
ⅲ）描いたものの名を、声に出しながら。

Ⅲ わたしの日本語音づくり

（1）ウ・イの特訓早いうち ─鉛筆噛んで

　ウ・イの音は、ひびきがなくなりがちで、音が小さく引っ込んでしまいがちです。

　これは、口むろが平たく狭くなって、たっぷりした音にならないからです。

　多くの人がこの音で、悩まされますから、いまのうちに、解決しておけたらと思います。

　鉛筆を軽く歯で横にくわえて、そのまま、イといってみます。イ～と長くいってもいい。その時、口の奥の上側、軟口蓋といわれるところが上にあがって、張っている感じがあると思います。口のおくがわずか広がっているでしょう。この感じを、保ったまま、鉛筆を外しても、いってみます。クセがついたらしめたものです。

　ウでもやってみましょう。オと同じくらい口むろが拡がるといいのですが。

【注】**ひびき**　ハミングで、鼻の上あたりにすぐ感じられます。ひたいや頭に軽く手を当てて、振動を感じれば、それが響きです。身体が緊張したりするとすぐなくなります。リラックスして、今ひびいているところを、ゆっくり広げていくようなつもりで出していきます。頭全体にひびくようになったら、胸の方に広げてみて。のどのあたりが関門です。身体全体に及べば素晴らしい表現力を持ちます。(さき著『こえことばのレッスン1─こえ編』参照)

（2）はなのくも ―たっぷりした

はなのくもかねはうえのかあさくさか

おなじみ芭蕉の句です。

一音ずつ増やしていく。同じ太さでたっぷりと。同じ息で。

たっぷりした声を、いい終わりまで通せるようにする練習です。

はじめ、一音、「ハ」とたっぷりだす。息はたぶん余ってしまうから、逃がす。

全部吐いておいて、新しく息を入れて、「ハ〜ナ〜」と母音をつなげる感じでいう。

余ったのは、そっと出してしまう。

以下、一音ずつたしていく。同じ太さ、同じ大きさで、おわりで、息があまり苦しくないくらいのところで止めます。（最初は、「〜う〜え〜」ぐらいまでかな）

（3）あいうえおうた ―少し細かく音出る仕組みを

あいうえおうた（谷川俊太郎）

あいうえおきろ／おえういあさだ／おおきなあくび／あいうえお
かきくけこがに／こけくきかめに／けっとばされた／かきくけこ
さしすせそっと／そせすしさるが／せんべいぬすむ／さしすせそ
たてつちとかげ／とてつちたんぼ／ちょろりとにげた／たちつてと
なにぬねのうし／のねぬになけば／ねばねばよだれ／なにぬねの

はひふへほたる／ほへふひはるか／ひかるよやみに／はひふへほ
まみむめもりの／もめむみまむし／まいてるとぐろ／まみむめも
やいゆえよるの／よえゆいやまめ／ゆめみてねむる／やいゆえよ
らりるれろばが／ろれるりらっぱ／りきんでふけば／らりるれろ
わいうえおこぜ／おえういわらう／いたいぞとげが／わいうえお

15

（以下は、筆者が続きをつくってみたものです。）

> ガギグゲゴリラ／ゴゲグギガッツ／グルメデゲンキ／ガギグゲゴ
> ザジズゼゾンビ／ゾゼズジザブン／ゼンシンズブヌレ／ザジズゼゾ
> ダヂヅデドシン／ドデヅヂダイブツ／デングリカエル／ダヂヅデド
> バビブベボスガ／ボベブビババア／ブッテハビビル／バビブベボ
> パピプペポップ／ポペプピパノラマ／ピエロノプラン／パピプペポ

聞き取りにくい音をチェックしてみましょう。
母音が、いつも楽に出るように意識して読みます。

●発音の留意点
【母音】 明るい・暗い
【カ行】 口の中で音が生まれる場所を調音点と言います。カ行の音は、その調音点が口の奥にあります。そのため音が口の中にこもる場合が多いのです。音を口の外に出すように意識するとよいでしょう。
【サ行】 聞き取りにくい人が多いのが、サ行です。いきを少し出してからいうといい。
【夕行】 夕行には、違う子音が3つあります。
　　夕・テ・ト［t］／ツ［ts］／チ［ch］
【ナ行】 完全に鼻に抜くと、きれいな発音に聞こえます。
【ハ行】 音のつながりの中で「フ」の音が聞こえにくい場合、f音で言うといい場合があります。
【マ行】 マ行は、鼻に掛けなくてもできる音です。
【ラ行】 舌端音が一般的ですが、巻き舌音でも問題ありません。
【ン】 ン音には4つの音があるのを知っておくのもよいでしょう。
　　「真ん中：マンナカ」など、n音の前のン
　　「ハンマー」など、m音の前のン
　　「緊張：キンチョー」など、n・m音以外の前のン
　　「空き瓶：アキビン」など、語尾のン
【ガ行・鼻濁音】 ガ行は、「花が：ハナガ」の「が」のような助詞、「眺め：ナガメ」の「が」のような単語の語中の場合には鼻濁音になります。口の方に息が出ないようにして、鼻に抜いてガ行をいいます。
　　「学校：ガッコウ」、「月末：ゲツマツ」のように、語のあたまにあるときは、ガ行音です。
【ナ行・ラ行・ダ行】 区別がつきにくい場合があります。

このほか、2音をつづめて言ってしまう、長音を伸ばしきれない、などもよくあります。聞き取りにくい原因になります。

A 息から声、声から発音まで

（4）ういろううりの口上

「ういろううりの口上」は、外郎（ういろう）という薬のコマーシャルです。江戸時代、約260年前、歌舞伎の二世市川団十郎が舞台（曽我狂言の中）で演じたものです。ことばの発音、口慣らしの練習テキストとして、現代も使われています。

　全文はかなり長いので、短縮版をつくってみました。時代物を読む際など、役立つようです。

　一人では、ゆっくり、たっぷりした大きい声で。壁に向かって、声が当たって返ってくる感じをつかまえながら言うのもいい。はじめ、すぐ近くで。だんだん離れてやる。
　2人向き合って、まず相手に声がとどくように。
　そして、発音が前に出て相手にとどくように。

外郎売のせりふ【短縮版】

A

　拙者親方と申すは、お立合いの中に、御存じのお方もござりましょうが、お江戸を立って二十里上方、相州小田原、一色町をお過ぎなされて、青物町を上りへお出でなさるれば、欄干橋虎屋藤右衛門、只今は剃髪いたして、円斉と名のりまする。

　元朝より大晦日まで、お手に入れまする此の薬は、昔ちんの国の唐人、外郎という人、わが朝へ来たり、帝へ参内の折から、この薬を深く籠め置き、用ゆる時は一粒ずつ、冠のすき間よりとり出だす、依って其の名を、帝より、「透頂香」とたまわる。即ち文字には、「いただき・すく・香」と書いて、「とうちんこう」と申す。

　只今は此の薬、殊の外、世上に弘まり、ほうぼうに似看板を出し、イヤ小田原の、灰俵の、さん俵の、炭俵のと、色々に申せども、平仮名を以て「ういろう」と記せしは、親方円斉ばかり。

　さらば一粒食べかけて、その気味合いをお目にかけましょう。先ずこの薬を、かように一粒舌の上にのせまして、腹内へ納めますると、イヤどうも言えぬわ、胃・心・肺・肝がすこやかに成って、薫風咽より来たり、口中微涼を生ずるが如し、魚・鳥・き

17

のこ・麺類の食い合せ其の外、万病速効あること神の如し。

　さて、この薬、第一の奇妙には、舌のまわることが銭ごまがはだしで逃げる。ひょっと舌が廻り出すと、矢も楯もたまらぬじゃ。そりゃそりゃそらそりゃ、まわって来たわ、まわって来るわ、開合さわやかに、アカサタナハマヤラワ、オコソトノホモヨロオ。

　一つへぎ、へぎに、へぎほしはじかみ。盆豆・盆米・盆ごぼう。摘み蓼・つみ豆・つみ山椒。書写山の社僧正。小米の生噛み、小米の生噛み、こん小米のこなまがみ。繻子・ひじゅす・繻子・繻珍。親も嘉兵衛、子も嘉兵衛、親かへい子かへい子かへい親かへい。古栗の木の古切口。

　京の生鱈、奈良、生まな鰹、ちょと四五貫目。お茶立ちょ、茶立ちょ、ちゃっと立ちょ、茶立ちょ、青竹茶筅でお茶ちゃと立ちゃ。

　がらぴい、がらぴい、風車。おきゃがれこぼし、おきゃがれ小法師、ゆんべもこぼして、又こぼした。たあぷぽぽ、たあぷぽぽ、ちりから、ちりから、つったっぽ。たっぽたっぽ干だこ。

　鮒・きんかん・椎茸、定めてごたんな、そば切り・そうめん・うどんか、愚鈍な小新発知、小棚のこ下の小桶に、こ味噌がこ有るぞ、こ杓子こもって、こすくってこよこせ。

　おっとがてんだ、心得たんぼの、川崎・神奈川・保土ヶ谷、戸塚は、走って行けば、やいとを摺むく、さんりばかりか、藤沢・平塚・おおいそがしや、小磯の宿を、七つ起きして、早天そうそう、相州小田原とうちん香。

　隠れござらぬ貴賤群衆の、花のお江戸の花ういろう、今日おいでの何れも様に、上げねばならぬ、売らねばならぬと、息せい引っぱり、東方世界の薬の元締、薬師如来も照覧あれと、ホホ敬って、ういろうはいらっしゃりませぬか。

【A部分】　時代がかった言いまわしをいう練習に。

【B部分】　滑舌　言いにくい発音を、ゆっくりはっきり言う練習に。

【C部分】　早口　言えるようになってから、できるだけ早口でいう練習。

【D部分】　調子のある文章の盛り上げていう言い方、収め方。

一人がリーダーとなって、短く区切って言い、他の人がそれを斉唱していく。

はじめのうちは全部でなくてもいい。うまく言えていないときは、一人ずつやってもらう。

（5）一つ童謡をうたってみる

ことばをはっきりいうだけで、見ちがえる（?）、耳を疑うほど素晴らしくなります。

簡単なよく知ってる歌をうたって、ウォーミングアップのしめくくりをします。発声・発音、何よりも気持ちの解放をしておくのに、おすすめです。

その時の気分に応じて一曲選んで、気持よく歌えるまでうたってみます。

ここでは「チューリップ」をとりあげてみます。

さいた　さいた　チューリプの花が
ならんだ　ならんだ
あか　しろ　きいろ
どのはなみても　きれいだな

作詞：近藤宮子　作曲：井上武士

サイタ　サイタ

だれが・誰に 言ってます？

どんなふうに？　おどろいた！　すごい！　うれしい！……どんな感情？

──コトバで言ってみましょう。それにメロディが付くだけ。

一回目の「さいた」、二回目の「さいた」、ちがいがある？

チューリップノハナガ

どこでわかった？　いくつ？　どんなふうに？

思い浮かべながら言ってみて。

花びら、どんなふう？

ナランダ　ナランダ

どんなふうに？

アカ

赤というと、真っ先に何を思い浮かべます？

チューリップじゃなくてもいい、そのあかを見て。イメージしながら、いってみる。

違いすぎる、チューリップと。じゃあ、チューリップのあか、思い浮かべられますよね。

それで、言ってみて。

（言い方が変わらないのは、言う瞬間にイメージするのを止めているから。報告になってしまうから）

シロ

白は？　まずは、あなたにとっての白。

キイロ

嫌いですか？　それでもいいです、その気持ちのまま、いえば。

ドノハナ　ミテモ

急にたくさんになった？

いいですよ、そこが想像のいいところ、自分の気持ち次第で拡がれます

ひとつひとつをみながら。ばーっとおおざっぱにみるのではなく。

キレイダナ

あらためて、誰にいってます？

そんなふうにいいます？　うそっぽくない？

もっと、きれいと思う感じを出して。おもいきって。

いつもいってるように。

さらに、その感じを少しふくらまして。自分で納得できる言い方で。

それにメロディがつく。気持ちをこわさないように歌って。

では、はじめから、あわてないで、うたってみて。

──ぜんぜん思い浮かばないんで、ふりだけでやってんですけど……。

いろいろ回りが気になってますね。集中できないんでしょう。あせらないで、ぼんやりと、いつか見た花のことでも思い出して。チューリップにこだわらなくていいから。

どこかひとつでも、ひっかかりがあればいいんです。

自分の中がぷっつり切れてしまうことってありますもの。メロディだけでも、ラララと声をだしておきます。

もうひとつ、「**われは海の子**」（作詞：宮原晃一郎・作曲者不詳）うたってみましょう。

われは海の子　白波の

さわぐいそべの　松原に

煙たなびく　とまやこそ

わがなつかしき　住家^{すみか}なれ

　　とまや＝苫（菅や茅で編んだもの）を葺いた粗末な小屋。
　　なれ＝「なれや」（なり已然形なれ＋感嘆詞や）の「や」が省略されたものか。デアルコトヨ。

20

A 息から声、声から発音まで

■歌う人：Ｔさん　コーチ：Ｃ

　　Ｔさんは、もの語りでは、いい声で、なかなか説得力のある語りをします。コトバと
　イメージ、感情の結びつきがかなり確かにできます。切り替え、転換、構成もあざや
　かです。歌はなぜか下手だと思い込んでる節があります。なかなか高い音まで出るし
　訓練すればいいテノールになれたかもしれません。

Ｃ　まず、歌ってみましょう。（Ｔ、うたう）

Ｃ　子どもが歌ってるみたい。子どもを演じなくてもいいから。

Ｔ　演じているつもりはないです。

Ｃ　声を張り上げてね、うたいやすい音だけを大きくいってしまっている。
　　歌いやすいのは、ア段の音。うたいやすいとは、声がよく出るということ。とりあえ
　ず、声が出ていて、音になっているということ。
　　極端に言うと、こんなふうにしか聞こえない。
　　　われわ○○の○　○らな○○
　　　さわ○　○そべの　ま○ばら○
　　何のことかさっぱりわからない。

Ｔ　そんなひどいですか～。

　　こんなやり取りがあって、レッスンをしていきます。まとめると以下のようなことが、練
習の中心になります。
　　かなり歌が上手なグループでも、気になるところは同じようなものなので、歌うときの
何か傾向があるのかと思ってしまいます。

　　歌を聴いて、共通した留意点をあげておきます。　（以下『こえことばのレッスン 1』参照）
　　　すぐ気づくこと→その特徴
　　　　　　　　　　→細かくいうと→原因の所在→留意→解決法→練習（本人次第）

(1) **むらがある・音を突く**　出しやすい音を大きく強く出してしまう。強くなるのは、ア
　　段・エ段の音が多いので、コントロールを。母音をつなげていきながら滑らかに出す。

(2) **引き気味な出だし**　声の姿勢が、言ってみれば後に反っている、ちょっと引き気味で
　　出し始める人が多い。だんだんそのおと（音程も、発音も）になる感じ。もっと積極
　　的に、その音を出そうという準備を少ししておく。最初から、その音がすっと出たい。

(3) **急に小さく聞こえる・ひびきがなくなる**　イ段・ウ段の音に多い。口の奥が狭くなる。
　　イ段：食いしばりすぎ。ウ段：唇尖らしすぎ。笑い顔で。軟口蓋を上げるように。オ
　　→イ、オ→ウと練習する。鉛筆くわえてイ段・ウ段をいう練習が効果的。

(4) **ぶつぶつ途切れてしまっている**　息継ぐところを決めて（ブレスは決まっていること
　　が多い）、そこまで声を出し続ける（例えば「シラナミノ」は、前後どちらに付くか）。
　　母音をつなげるように。「われは海の子　白波の」なら、「アエアウイオオ　イアアイ
　　オ」というように。滑らかにつづけて発音していく（あいだに子音が入る）。

21

(5) **音を伸ばすところ、だらしなく出さない**　口の前に音を作るように。子音が間延びしてるから、早く母音とまとまった音にする（「煙たなびく」の「ケームリ」などで意識してやってみる）。

(6) **とくに出だしの一音、子音母音まとめて**　まとめた一音を頭からきかせるように。だんだんその音、音程になるのでなく、いきなりねらって出るような感じ。準備がいる（だからといって口を開けておいたりしないように）。冒頭の「われは：ワーレワ」の、wの音、口のどこでどうやって作られるか、集中して。

口の外、口のすぐ前に、音をつくるようにする（音が口の中にこもらないようにする）。

(7) **長音として発音**　「さわぐ：サーワグ」のところ、「サアワグ」と、音程が変わるとき「ア」を新たに持ち出さない。「サー」と長音として発音できるように。

(8) **休止の終わり、最後の終わり**　のどで息を切らないようにする。相手への気持の流れがと切れてしまう。おなかの支え止めの練習を。

(9) **コントロール**　全体にコントロールがゆきとどくように。

　歌になると、読みのときより、拡大されるから、不十分なところが分かりやすくなります。

　なお、ここでは発声、発音に関連することだけに留めてあります。音楽的に不十分な面には及んでいません。

IV 相手がいるのを忘れちゃならない
はなしかけ

少し時間をとって、ぜひ一度ためしてみてください。

　話している時、ことばと、それを言っている声（運んでいる声）を、別々に分けて考えることは、ほとんどないでしょう。ことばを言っていれば、相手に届いている、当たり前のことだとされてきました。(聞こえている、それなら、分かっている、と)

　でも、実は、話している時の声は、本人が思い込んでいるように、相手にきっちり届いていると言えない場合もあるのです。

　声は聞こえていても、声が自分にきっちり届いたのと、そうでないのとではびっくりするくらい違います。はじめてほかの人の声が届いたのを受けとめたときは、ほとんど衝撃に近いものがあります。

　この「届いた・届いていない」を実感する、いくつかのレッスンをやってみます。以下、（1）〜（3）としましたが、順序はやりやすいものからやってみましょう。

（1）あなたの声はどこへ行った？

　まず、声というものはどういうものか、今までの固定観念だけでない、声の現れ方を聞きわける、耳を育てる、聞く人中心のレッスンです。

　ちょっとした試みをやってみましょう。3人以上でできます。

　声かける人・聞く人・横で見ている人を決め、交代してやってみます。

ⅰ) **声かける人**が言うのはみじかいことば。その場で決めてください。

聞く人は、6～7人の方が分かりやすい。まとまって、お互いは少し離れてすわります。声かける人に向き合ってもいいけれど、最初はききわけにくいので、後ろ向きか、どちらでも好きな方向に向いて座ります。声かける人から見て、重ならないように。

ⅱ) **声かける人**は、2～3mぐらい離れたところに立って。聞く人のうちのだれか一人だけに、その場で選んで、声をかけます。

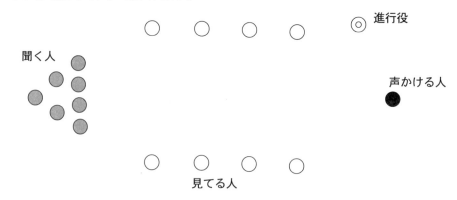

　進行役がいれば、言う前、合図して（話しかける人だけの時は、本人が、合図してから、ことばを言います。聞く用意をしてもらうためです）。

　聞く人は、楽にして、かるく目を閉じてたほうがいいでしょう。

ⅲ) 声をかける人がことばを言いおわったら、進行役がまた合図して目をあけます。

　ここからは、進行役に活躍してもらうことになります。

　（以下**進行役**がたずねて）声をかけられたのが自分だと思ったら、言ってもらいます。一人だけでない場合もあります。反対に、自分に声をかけられたと思った人が、だれもいない時もあるでしょう。

　どちらの場合でも、聞いていた人一人一人に、聞こえた声の方向、場所を、どのへんか指さしたりして、言ってもらいます。

　そうすると、その声の通ってきた道筋が浮かび上がってくるようです。こっち側だとか、ここまで来なかったとか、頭の上を広がって通りすぎたとか、予想しないような答えが出てくるかもしれませんが、あったこととしてすべて肯定します。

　そこで、さらに、いまの声についての印象・感想を一人一人言ってもらうと、もっと不思議なくらい、おかしなイメージが浮かんだり、ちがった感想も出てくると思います（できるだけ「声について」と限定してしまわない方がいいかもしれません）。

【注】　この際、声は、発した人のところに、留まっていて、そこに聞こえる、と思いこんでいる人はないと思いますが、たまにそういう人がいるかもしれません。その人には、声が発せられて、聞く人のあたりにまで来る声らしいものがあることに気づいてもらいましょう。

　　声の印象というと、たいていすぐに、「やさしい」「はっきり聞こえる」「（誘われて）いきたくなりました」などといわれます。これらは、言った人の言い方、気持ちなど

A 息から声、声から発音まで

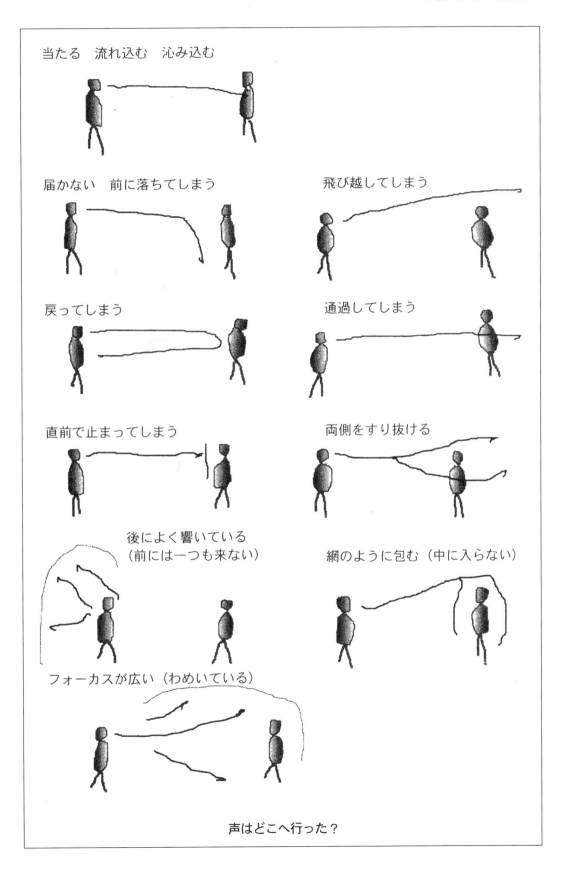

が、声にあらわれている、それに対する印象です（言う人の態度に関している）。

　それらも大事ですが、ここではそれらは、ひとまずおいといて。取り上げたいのは、声をかけた人から離れて、聞いている人に来たもの、あるいは、その近くに来たらしい声、あるいは声らしいものについての、印象もしくは感想です。

　そうして聞いていくと、はじめは、一瞬のことで分からない、ぼんやりしててどうもなどという返答だけかもしれません。でも、さらに聞いていくと、それまで声についてもっていた「概念」が何か違ってきて、ほかの面もあるように思われてくるかもしれません。

　今までのレッスンで出てきた感想を言ってしまうと、「こっち側には来ない」「このへんになにか 塊（かたまり）が飛んで来た」「ぶわーっと広がって後ろで消えた」など、まるでなにか物のような印象が多くなります。(たとえて言うとどんな感じですか？ とたずねると、感想が出やすくなるようです)

（2）相手にきちんと声をかける

　声かける人・聞く人（できたら**進行役**）
　声かける人・聞く人を決め、交代してやってみます。これは、声をかける人が、相手にきちんと声をかけられるようにするレッスンです。

ⅰ）向き合ってすぐ近くに立って、短いことばを交わします。
　まず声をかける人は、自分の声を聴いてもらいます。
　聞く人に、声の感じを言ってもらいます。（1）の注記にあげた、言った人の、言い方、気持ちに関する感想も含めて、聞いておきます。
ⅱ）聞く人に１、２歩離れて後ろ向きになってもらいます（進行役がいればその指示で）。(以下、**進行役**が言う人をよく観察しながら、サジェスションしていきます。進行役がいないときは、次のサジェスションのことばを参考にして、言う人が自分で調整して試みてください。)
　声をかける人は、合図をしてから、短いことばをかけます。
　聞く人に：方向／距離／どこに／どんなふうに／聞こえたか／声そのものの感じなど、をたずねます。
　声が相手に確実にとどくと、多くの場合、聞く人は、劇的と言っていい反応をします。
　届いてないといわれた場合；声の大きい、小さいではない。
　声をかける人の気が散っていて、その人に気持ちが集中していないことが多いのです。
　片腕で大きくその人を指しながら（てのひらもひろげて）、言います。積極性が足りない場合がありますから、片足を小さく踏み出して、それと同時に言ってみます。
　それでも、うまくいかない場合は、いったんまたこちらを振り向いてもらい、向き合っ

て声をかけます（リラックスした声になるでしょう。緊張も大いに関係しています）。

　面と向き合った場合、表情などからもいろいろな情報を読み取って、声を調整していることがわかると思います。後ろ向きだと声だけで勝負しなければならないのです。

iii）向き合って声がとどいたことを確認してから（見ていて相手の表情などからもわかります）、また、後ろ向きになってもらい、声をかけます。

　向き合ったときと同じような状態で言ったのに、聞く人の反応が、いまいちの場合があります。エネルギーがちょっと足りないのです。

　（声を大きくしようとすぐしないで）肩を叩くような感じで、手を出してもいいから、言ってみます。

iv）声が相手に確実にとどいていれば、さらに2、3歩離れてもらいます。

v）こうして、声がとどいた確認を取り、その場での一番遠く（部屋を想定してますが）の離れた位置に立ってもらいます。

　声をかけます。遠くの人にという感じで声を張り上げませんでしたか。

　振り向いて、向き合ってもらうと意外に近い感じでしょう。

　かなり離れていても、すぐそばにいる感じで、気軽く声をかけてみます。それでも、声がとどいているのに、驚くでしょう。

（3）みんなに声がとどく

　聞く人（4〜7人はほしい）・**話しかける人**・**進行役**

　何人かいる人たちに声をかける（ここでは話しかけるが適当かもしれませんが）場合、その場の一人一人すべての人が、自分だけに話しかけてくれたと思うように、言えるためのレッスンです。

　聞く人に横一列になってもらいます。

　話しかける人は、それに対し、適当と思われる位置に立ちます（この位置を選ぶのも、大事なことです）。

　まず、向き合って、挨拶を交わします。

　聞く人みんな**後ろを向いて**もらいます。楽な姿勢で。

　合図してから、短いことばをかけます。

　自分に言われたと思った人は振り向いてもらいます。

　振り向き方が半分ぐらいで横向きの人が出てくるかもしれません。

　（以降、**進行役**が、質問したりしながら、声をかける人に気のついたことをアドバイスして、全員に声がかけられるようにします。）

　片側の半分だけ、あるいは、どうしても1、2人振り返ってもらえない、などが、出てくるかも。

　感想を言ってもらいます。

１）集中する、２）リラックスする、３）全体を意識の中に入れる、の注意をして、繰り返してみます。

それでも、振り向いてもらえない場合、その人たちにこちらを向いてもらって、声をかけます。

どの人にいう時も全く同じ言い方だと思われる時は、その人、その人の違いに気づいてもらい、それに応じた言い方をするようにします。みんなに言うのですが、実は、一人一人に言うのだということが、感じてもらえればと思います。

以上は「話しかけのレッスン」といって竹内敏晴氏が創始したものです。

【注】レッスン　ここで、唐突に「レッスン」という言葉がでています。レッスンは、試み、実験であるとともに、新しいことに気づかされ、また新しいことをやれる可能性を知って、やってみたくなり、少しばかりねばってやり方を見つけて、新しい能力を獲得する（あるいは、それに失敗する）、その "るつぼ状態" の刻を指します。

このようにやっていくと、話す人の声がとどいてることと、声がただ単に聞こえているだけという場合との、違いがあることがわかると思います。

さらに、話しをする場合の声は、どちらがふさわしいか？

声がとどくことで、聞き手は、話し手の表現を直にくみ取ることができるでしょう。

ところが、声が単に聞こえているだけの場合は、ふつうの聞き手はどんどん離れて行ってしまい、辛抱強い聞き手もかなり努力しなければならないでしょうし、共感もかなり薄いものとなります。

B

ことばときもち

何回か朗読をやってみてから読むと分かりやすいかも。

ここから、**ことばの表現**のことに入ります。

朗読の表現というと、「そこをもっと強調して、ここは盛り上げて、ここはやさしく、ここははぎれよくテンポを上げて、そこで息を継ぐ、しばらくゆるやかに、そのあとたたみこんで。終わりはきっぱり」などといわれます。ことばの言い方、どちらかというと外面的な言い方の方法・評価にかたよるものもあります。

そんなことはない。「感情をもっとこめて。そこの解釈ちがうんじゃない、内容をつかんで表さなくちゃ。人物の性格をもっとはっきりと。相手に対する気持ちをもっとつかまなくちゃ。作者の言おうとしてるのは違うでしょう」などと、内面的なことも重視しているといわれるものもあります。

ここでは、これらを無視するわけではなく、その前に、注目する必要があると思われることを取り上げてみます。

たとえば、子どもが、いたずらなどをして「だめ。」と言われたりする場合。言った人が、どのくらいの厳しさで言っているのか、子どもは、素早く読み取って、すぐ止めたり、様子をうかがいながら、つづけたりします。

こうして、ことばの 表 に言っている意味（事柄）と、それを言っている人の気持ちに違いがあることを早くから知り、その気持ちの程度についても、知らないうちに研究しているものです。

「ダメ」と書いてあるのを読むとき「だーめ。」といったり、高い声で「だめ！」というなど、違いが分かりやすいものもあります。

また、例えば、あいさつで、「おはよう」というのがあります。明るいとか、無愛想だとか、ぴんときます。これは、言った人の**態度**を、聞いた人（言われた当人か、あるいは傍で聞いていた人でもいい）が感じ取っているわけです。

言った人の方から言うと、もう少し相手によって変えていると言うかもしれません。これから試合に行く人には、頑張ってねと励ます気持ち、病後の人には、治ったの、元気出してね、といたわる気持ち、をいれて言う。おずおずした様子、打ちひしがれた様子で、おはようと言うと、こうしたネガティブなのは、態度とあまりいわないで、様子とか**感じ**とかいわれています。

書けば、おなじ「ダメ」「オハヨウ」です。でも、だれか、人がいう言葉となると、その人の態度（気持ち・様子）が、どうしても入ってきてしまうのです。

実際の生活では、この区別は場に応じて自然に結びついているので、問題にされません。でも、書いてあるものを声で言うとなると、この**表記された言葉**と**気持ち**とをどのように結びつけるかが、表現の元となるのだと思われます。（この、ことばが表している事柄を、"言表事実"、含められる気持ちを"言表態度"ということもあります）

この気持ちを含めるところに、読み手の力が働ける場所があるわけです。

B ことばときもち

Ⅰ　気持ちの集中　５つのエリア

（1）５つのエリアとは?

　ここでは、ぜひ実際に、やってもらいましょう。

　「あめ」（降ってくる雨）を、いろいろないい方で言ってみてください。

　違えて、言えました？　何通りぐらい？　どういう場合に言うものです？

　「あまりちがえて言えなかった。」「いや、あまり多くて、かぞえきれない。」などの結果が
でるでしょう。

　いくつかあがった例を整理してみます。

「あめ」　　天気予報　　　　単にそれが分かるように言っただけ。　　〈事実〉

　　　　　　ぽつり　　　　　直接身体に感じた。　　〈生理感覚〉

　　　　　　洗濯物入れて！　そうして欲しい。　　〈行動〉

　　　　　　はるさめ　　　　いい景色だ。　　〈イメージ〉

　　　　　　憂うつ　　　　　雨続きでやんなっちゃう。　　〈感情〉

　だいたい、この５つのエリア（＝気持ちが集中するところ）に、分けられるようです。

31

前は、よくいわれたものです、感情を籠めなさいって。

感情って。喜怒哀楽。地の文にはそんなのいらないんじゃない、説明だし……と思ってしまいます。

また、実際の生活で、友だちとどこかで約束する場合、何が大事？　日時、場所、時間、など指定するとき、感情が要ります？　かえって、ちょっと邪魔。ここでは、間違えたら困ってしまう、**事実**といったようなものがどうやら大事です。

それでも、場所なんか、ちょっと思い出せないときなんかは「ほらあのひょろっとした店の人のいるコンビニのとこ」と、これは、そのあたりの景色や、彼の格好とか思い浮かべて。というと、すぐわかります。これは、**イメージ**に訴えてる。

また、寒いから、暑いから、中に入って待ってて。いや、店の中ってなんか独特の匂いがあるじゃない、あれ苦手だから、前で待つよ。ここでのことばは、**生理感覚**に訴えています。

「いっつも遅れるんだから、時間通りきっとだよ。」と念を押す。これは**行動**をとりあげています。

　　ことばを言っている間、気持ちの集中の仕方で、ことばの表われ方がかなり違ってくるということです。

（2）５つのエリア　読むとき 役立てて

なお少し説明を加えます。実際読む場合と関連させて。

■５つのエリア■
① 事実　　　　約束するときの　いつどこ　相手との了解が成り立つ　客観的事実
② 生理感覚　　みる きく かぐ さわる あじわう　かんじる 　　　　　　　内臓感覚　全身感覚
③ イメージ　　かたち　におい　おと　けはい　かたまり　ぶぶん 　　　　　　　イメージしながら、いう　　イメージした後では報告になる
④ 感情　　　　喜怒哀楽　なやみ（入るか？）　感情の色相 　　　　　　　ことばは吐く息の時いう（正常）
⑤ 行動　　　　うながす　動詞　意図　変わる　変える 　　　　　　　どうしたい　しようとする　結果→感情が生まれる

ここからは、この５つのエリアについて、実際に例文を読んで検討していきます。

① 事実

> ＊　地球ハ　丸イ。　　＊　猫ハ　動物デス。

まず、一文ずつ言ってみましょう。
できれば録音を取っておいて、検討してみてください。

当たり前のことだし、何の変哲もないし、普通に言えてる。
ちょっと変わったふうに言ってみたい気もするけど、やらないようにして、あくまでも普通にした。
そう、チキュウハ〜　マルイ〜↗　なんて、語尾をあげておどけると、その、言い方の方に気を取られて、なんでそんな言い方するの、という方に気を取られてしまう。
また、チキュウハ　マルイ とやたら物々しくいうのも、態度がでかいと、からかわれるようで。もっともそれがこの人の口調と認められてしまえば、許されることもあるようですが。
いずれにしても、肝心の「地球は丸い」という事実を、過不足なく、すっと、納得できるようにしてもらいたい。
また、あまりに素早くいったので、自分でも何言ったのか、はっきりしてない。
発音がよくない。語句の最後の、ハとか、マルイのイまで、しっかり言ってないので、片言みたいでいやになる。
そうならないようにと、緊張して言ったら、切り口上のようでわざとらしい。
なかなか、一筋縄ではいかないものですね。
簡単な文ですが、言い出しは、ほかでもないコノコトハ、とえらんで言い出したという、明快さがいります。
発音は、はじめの音から、終わりの音まで、しっかり発音されていてほしい。
とくに終わりは、句読点の「。」まで意識するくらい。
〜マルイと少しずつ音程をさげていって終わりの感じに収めて言うのは、一般に認められた慣習によるものです。
（ネコハ〜と続けて行ってしまう時、前の「丸い」下がりきらないと、一続きと、思われてしまいます。２つの文と意識されるためには、一文ごとに下りきって、終わりだと示すようにします。）

言う人は、一方的に言ってるようですが、聞く人との問答なのです。この、問答という感覚を持てるといいようです。
〈○○ハ〉と言い出すととたんに、ナンデアルカ、ドコニ、イツカ、ドウシテ等、聞いてる人に、問いが生じています。
この問いに答えていく間合い、言い方で、速さ、リズム、が生まれます。
聞く人が理解していく速さ（完全ではないが一応わかったと納得する速さ）より、言う

方が早くなると、聞く人は、聞き取ることを放棄してしまいます。一般に言うのが早すぎることが多いのです（ただし、ゆっくりすぎても、退屈して集中できなくて気を散らしてしまいます）。

つぎの文を言ってみましょう。

　　「水の変化」
　水は普通のときには液体である。しかし、熱せられて温度が100℃になると沸騰し始めて気体の水蒸気になる。また、冷やされて0℃になると、こおりはじめて固体の氷になる。水蒸気も氷も、温度がもとにもどればふたたび液体の水になる。

言い終わった後、すぐ、本を伏せて、何が書いてあったか話してみてください。

なんだったろうと、見返したくなったり、すでに記憶しているから思い出して言おうとするのは、ここで確かめようとしてることと少し違います。

言う速度は、<u>言いながら、自分でも何を言っているかわかっていく速さ</u>、それでいいのです。その時、聞く人もわかります。

事実が問題になる場合、聞く人は、ホントかウソか、正確かあやふやか、間違ってないか、次はどうなるかなど、判断と推理を次々に行っています。

言う人は、聞く人が知っていると思われる言葉を組み合わせて（もちろん言葉の規則に従って）新しい観念を提出するわけです。

聞く人は、初めて知った観念であればそれに対する態度を決め（保留もふくめて）、すでに知っているものであれば、記憶と照らし合わせて確認する。——これらをほとんど瞬時に行っています（説明すると長ったらしく聞こえますが）。

コトバは記号で、コトバが言っているもの、そのものではない。

② 生理感覚

　　痛いっ　　　　　暑ぅぃ〜　　　　だるくて

まず、言ってみましょう。
（例によって、チェックを。録音あればベター。）
なんかわざとらしい。まあまあ感じがあるんじゃない。痛くもないときに言うの？
現実では、生理感覚が起こった時に、その感じでそのまま、コトバが出ます。
でも、書いてあるものを言う場合、ただその通り、発音するだけでよしとしますか？
ちょっと想像して、その感覚に集中して、その感覚を呼び覚ましていってみますか？

歯が痛い、といってしばらくするとほんとに痛くなるとか、梅干し、というと、酸っぱさで、唾液が出てくるとか、簡単にできます。他のも、少し時間をかければできるものです。

その想像の感じのある間にコトバを言うのです。

なんか大げさ。お芝居してるみたい。朗読に向かないんじゃない？

少しは、いや、かなりやっても、大丈夫。かえって生き生きした感じになります。

この「真実の一滴」があれば、わざとらしい感じはなくなります。

でもコトバを言うとき、この状態をぱっと止めてしまって、とりすまして、きちんと言ってしまう場合があります。これでは、そういうことがあったよという「報告」に、また、その状態についての「感想」に、変質してしまっているのです。これが言われたようにやってもあまり変わらないという元凶なのです（酸っぱいそのままの状態を保って、スッパイというのです）。

痛いっ、といっても、足か、歯か、どこの歯か、ほっぺたか、によって違います。

何となく出まかせにいうと、あいまいな、あやふやな印象だけです（これを「一般的」といいます）。

ところが、言う人が何かに決めて言ったときは、ああ、痛いんだなと、かなりわかります（書いている人が求めている「痛さ」と違っていても、後でより正確にしていけばいいでしょう）。

このように、「気持ち」（痛み、ももちろん含まれます）をコトバに表わしていけることがわかると思います。そしてこれが、書いてあるものを言うときに、要るものです。

書いた人（作者）が確かにコトバだけで分かるようにと書いたものは、黙って読むときは、かなりそのまま、受け止められます。

でも誰かがこれを言うとなると、言う人の気持ちが否応なく加わります。それ以外にも、言う人の状態、あがってしまうとか、緊張とか、コントロールできない態度が加わります。聞いている人は、たいていはかなり上手に聞きわけて、書いてあるものの真意を、受け止めています。

「イタイ」とあっても、見て（読んで）受け止める人は、「痛みだな」と理解し、想像することで、なにかを受けとめます。

ところが、言おうとする人にとっては、これは全くの、何もない、0の状態にあるのです。

まず、声で発音し、相手に届けます。そのとき一緒に生まれてしまう、態度や気持ちをコントロールして、自分が見たときに受けたものを届けようとするわけです。

（もちろん、わざと平板に気持ちがないように発音して、言う場合もあります。でもそれも、一つの表現となってしまいます。）

この生理感覚のコトバは、その体の状態で発せられているかどうかが、分かりやすいものです。

すこし細かく例を挙げてみます。まず、ご存じの５感。

見る　聞く　嗅ぐ　味わう　触れる　　です。

柿食えば鐘がなるなり法隆寺

五感すべてに関連しています。言うときに意識すると、違った感じがでるでしょう？

それぞれ、言ってみましょう。

見る	ミゴトナモミジ	ホタルダワ
聴く	シャガレゴエ	タエラレナイ
嗅ぐ	イイニオイ	クサクテタマラン
味わう	ジューシイ	オイシイ
触れる	ツルツルシテル	フカフカ

身体は別に分けられませんが、つよく感じられる部位で区別すると。

・局所感覚

歯ガ痛イ	頭ガ痛イ
肩ガコル	クジイタ
耳鳴リガスル	ミエナイ

・内臓感覚

オ腹スイタ	ムカツク	胸苦シイ

・全身感覚

ネムイ	ケダルイ		
アツイ	サムイ	アセビッショリ	ハノネモアワナイ

程度によって表現はずいぶん変わります。呼吸がかなり関係します。

これは、短い感嘆詞的なものばかりでなく、少し長い文節、さらに文でも、あります。「セミガナク」など、聞きながら（聴覚に集中しながら）、そこのあいだで言った方がいいというような場合です。

しばらく、集中する練習をすれば、後は意識しなくても働いてくれるようです。

この感覚を生かしてない人の朗読は、どこか、とても物足りない感じがするものです。

③ イメージ

主にイメージを呼び起こすコトバ。まずひとつ、実験をしてみます。

B ことばときもち

> 聞く人は軽く目を閉じ、言う人が単語を一つ（朝、お祭り、海……）言う。
> 聞いた人は、すぐ連想したものを言う。
> また、同様にして、聞く人は単語を言われた後、そのまま１分間、じっと目を閉じている。「止め」の合図で、最後に浮かんだものを言う。
> できれば、そこにいたる想念の流れ、過程を話してもらう（必ずしもイメージばかりでないかもしれない）。　　　　　　　[『こえことばのレッスン２』p.47参照]

　一つのコトバの刺激から、様々な想像が広がるのがわかります。連想であるいは飛躍で。コトバは、イメージを広げもするし、せばめ、深める方に向かっていく場合もあります。

> 　　「たんぽぽ」川崎 洋
> たんぽぽが／たくさん飛んでいく／
> ひとつひとつ／みんな名前があるんだ／
> おーい　たぽんぽ／おーい　ぽぽんた／
> おーい　ぽんたぽ／おーい　ぽたぽん／
> 川に落ちるな
>
> 　　　　　　　　　　　（／は、原文で改行しているところ）

　言ってみましょう。
　ただ受けた感じからいってみてもいいです。
　さらに、情景を思い浮かべると。ふわっとした綿毛のある小さな種の一つを。
　風に乗って飛んでいく様子を。風はどっちからどっちに吹いてます？
　川はどこに？　あなたはどこにいます？　とんでくタネに呼び掛けるには？　名前は、少し違ってもいい。どんな声で？　声がとどきましたか？

　作者には、思った情景があるでしょう。きっと細かなところまではっきりしてる？
　読んだあなたは、自分の思い出などから、かってに、情景を想像して作っているでしょう。（また、いろんな感情をゆすぶられてることでしょう。）
　そのあなたが、今度は、言う人になるわけです。

　このように、イメージは、動いて、変わっていくのもあります。
　まずは静止した、簡単なものから、少しずつディテールを加えていってみましょう。各自のやり方があるでしょう。
　一回一回、作らないと（想像しないと）、想像したつもりになったまま、平気でいることになります（もちろん複雑な表現では、そう思わせる（つもりという）のもありますが、ここではまず、ごく単純なものからいきましょう）。
　読む人の想像が活発に動いていないのに、コトバだけが発音されていってしまっている

37

場合があります。意外とわかってしまうものです。

〈イメージを言う〉「たんぽぽ」を少し細かく説明してみます。

たんぽぽの綿毛のタネが浮かぶ　多少の努力、集中してみる
　　　　　むしろ、ぼーっとしてる方がいいかも　一つ?　たくさん?
飛んでいるところとおもう、まわりの空間が浮かぶ　景色とはかぎらない
名前があるのに気づく　勝手に思いついた名前　いう人が　作者が
おーい　〇〇　と呼びかける
川に落ちるな　川のイメージが浮かぶ人もいる　ただ川を思うだけの場合もあり
落ちるな　気遣いが生まれる　元気づける、励ます人も
　　　　これはどちらかというと感情が主なコトバ

読みすすめるほんのわずかな間に、細かくいえば、これだけのことがあると思います。
読み終わって、何らかの気持ち（感銘）が残ります。*1

さて、これを「言う」のです。言う人になります。受身から、働きかける仕手になるわけで
す。（受動から能動へ）
コトバを言いながら、以上の、主にイメージを浮かべる（作る）活動を休みなく行うのです。
かなり活発な活動です。
（この活動がないまま発音だけされているばあい、聞いている人は、おぎなって聞くので、か
なり余分な作業を強いられることになります。）

＊1　この結果生まれた感情を、直接表現しようとする性急(せっかち)な人がいます。感情過多な言い方になりま
す。（読んだ時に受けた感じと、まるで違ったものになってしまっています。）
聞く人の中で、言う人の感情をそのまま共感できる人はごく少ないものです。

　ここに、すべてイメージの中に、特にイメージの区分をつくったのは、情景を、頭の中
でなく、外にその情景を作りながら話していくと、コトバの響きがひろがりをもつ、とい
うのを確かにするためです。
　頭の中だけだと声が内内向きになっていて、いくら大きい声をだしても、意識の範囲を広
げても、その感じは消せないままです。
　開いた感じの表現に応じられるようにしたい。

　想像は苦手という人がよくいます。そんなことはないない。
　小さなイメージもそれがおかれた情景の中に、連想を呼び起こしながら、想像してみる
とはっきりしてくるようです。（想像は苦手でという方は、緊張していたり焦ったりしてい
る場合が多いのです。リラックスするといいのですが。）よく知っている自分の持ち物、部

屋などを思い浮かべるのも、練習になります。

　繰り返すようですが、**イメージしながら、コトバを言うのです。**途切れてしまって言うと、とたんに、それについての「報告」（〜シマシタという）や「感想」（〜デシタという）になってしまいます。途切れてすりかわっているのに気づいてない場合もありますので要注意。

練習に。

> ある日、また私は光岳寺の横手を通り抜けて、小諸の東側にあたる岡の上に行って見た。//　午後の四時頃だった。私が出た岡の上はかなり眺望の好いところで、大きな波濤のような傾斜の下の方に小諸町の一部が瞰下される位置にある。私の周囲には、すでに刈干した田だの未だ刈取らない田だのが連なり続いて、その中である二家族のみが残って収穫を急いでいた。
>
> （千曲川のスケッチ「収穫」島崎藤村）

> てふてふが一匹韃靼海峡を渡つて行った。　　　（「軍艦茉莉」春　安西冬衛）

④ 感情
　感情が主となるコトバは、人の言う直接のコトバ、会話、せりふで発揮されます。

> 　にはかにぱたつと楽長が両手を鳴らしました。
> 　みんなぴたりと曲をやめてしんとしました。楽長がどなりました。
> 「セロがおくれた。トォテテ　テテティ、ここからやり直し。はいっ。」
> 　みんなは今の所の少し前からやり直しました。ゴーシュは顔をまっ赤にし額に汗を出しながら、やっといま言はれたところを通りました。ほっと安心しながら、つづけて引いてゐますと、楽長がまた手をぱつと打ちました。
> 「セロッ　絲が合わない。困るなあ。ぼくは君にドレミファを教えているひまはないんだがなあ」　　　（「セロ弾きのゴーシュ」宮澤賢治／旧仮名遣い）

　読んでみて、どうですか？　感情をどうやって表わしたらいいか？　どうやって現わしたらいいか？　いろいろやってみて。

●怒り
　感情が激すると言葉は出てこなくなるのがふつうです。それを、うまく息を吐き出させ、

そのときにうまく発音してことばとして聞き取れるようにします。(ちょっとゆるめるとできる、むずかしいが)

上の例は、楽長が怒っているのです。声が相手にぶつかって行かないと、ぐちっぽさの印象の方が勝ってしまいます。ふだん相手に怒りをぶつけないようにしている人は、一つ手前で抑えてしまってる声になるので、聞いてても苦しい感じになります。だからといってわめく声になってもあまりいただけません。床とか、壁に声をぶっつけ放しにする練習をしてみます。

●笑い・泣き

笑いは、横隔膜の運動を参照。

その呼吸法を応用して、吐く息の時コトバを言っていけばいいのです。言おうとするコトバの長さ、切れ目にこだわらないで、吐く息の長さに合わせるのです（これがちょっと難しいかも）。コトバはおかしなところで切れるかもしれないけどかまわずに。

笑いは、息を細かく吐いていって (無意識に入れないように)、息がなくなったところで、一気に入れるのです。

・(声を入れて息を吐いていく) ハッハッハッハッハッ (全部吐ききって大きく吸う)

泣きは、細かく吸っていって、吐くと一緒に声を出す。

・(口中を泣きにゆがめて) スッスッスッスッスッ　うえ〜ン

練習では、吸うのを、はじめ小さく、細く声を出して泣きまねに近くやりだす。

だんだん、大きく、つよく泣いていく。止めるときは喉で止めないで、できるだけオナカ (横隔膜) でとめるようにする。

泣く感情が起こるのを待つという方法もあります。何か思っただけで泣けるという人もいるけれどこれは特殊。(練習で誰でもできるようになりますが)

この呼吸から入る方法は、必ずいつでもできる。やってる間に本当の感情を少し入れていくと (自分の感情を開放していくと)、本当に泣いてしまう (しかも、ある程度コントロールできるものです)。

　　この子が大きくなるにつれてそろそろいたずらがはじまります。近所の子どもがぶたれてコブができたと泣きながらいいつけにまいりました。
　「ワーン、ワーン、おばさん、お前んところの寿限無寿限無、五劫の擦り切れず、海砂利水魚の水行末、雲来末風来末、食う寝る所に住む所、ヤブラコウジのブラコウジ、パイポパイポ、パイポのシューリンガン、シューリンガンのグーリンダイ、グーリンダイのポンポコピーのポンポコナァの長久命の長助がおいらの頭をぶってこんな大きなコブをこしらえたんだよウ」
(落語「寿限無」)

うまくいきましたか?

40

Bことばときもち

●もの語りとの兼ね合い

　もの語りは、お芝居のセリフほど感情を強く表現しなくてもいい場合もあります。もの語る雰囲気に合わせた表現がいいのでしょう。どちらかというと控え目にする（つよさを抑える）ようになります。でもストレイトの表現をできるようにしておかないと、こちらが思った通りの表現を受け取ってもらえない。

　もの語りでは、微妙な感情を述べている、文章を言うとき、語る人はどうしたらいいか？素（す）で？　事務的？　それと近い感情をさがして？

　分からないままにうっすらとでも、その感じで語るようにする、きめつけないで。と、まずはすすめます。

　作者は、それまで体験したことのない感情を、コトバで表そうとします。語る人は、そのコトバに導かれて、近づいていく。聞く人もまた近づけるはず、という仮説でやっています。

●色のたとえで

　感情は、もの語りにとって、絵画の色のようなもの。色合いは、名づけられているものはほんのわずかで、無限といっていいでしょう。

　色付けをする参考に「情緒の立体模型」、「基本情緒とその複合情緒」の図を示しておきます。立体の、芯には、沈滞から興奮への段階があります。形は、輪切りにされてますが上の方にも卵型にあると想像してみて。興奮の極です。

　興奮してくると反対の感情にでもすぐに移れる。沈滞していると、鈍く一つの感情にこだわってしまいます。

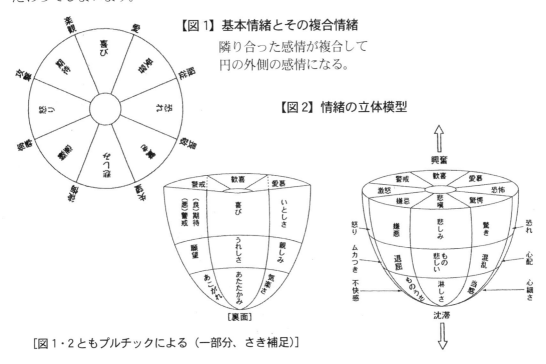

【図1】基本情緒とその複合情緒
　隣り合った感情が複合して
　円の外側の感情になる。

【図2】情緒の立体模型

［図1・2ともプルチックによる（一部分、さき補足）］

●調子をきめるもの（全体・部分）

　読みの全体の調子、あるいは一部でも、明るく、暗くと求めるときがあります。これも大きくは感情に含められるでしょう。語る人の態度からでる、声の開放した感じ、閉ざした感じによって左右されます。つくりだそうとする印象によって、重い軽い、渋い華やかなども、だせるでしょう。

　語る人の興奮の度合いから、狂躁・沈鬱の印象も生まれます。創りだせるわけです。

・語気による　硬質柔軟　硬い柔らかい　　　　　（話す人の緊張と区別）
・母音の作り方による、明暗
・言い口調による　切り口上　あまったれ口調　（主として発音による）
・言う人の態度から生み出される　　投げやり　生真面目　おどけ　からかい　皮肉
　など　（感情以前の気分）
などは、テクニックとも言えますが、表現の調子を創りだすものです。

　最後に、「わざとらしさ　それらしいいいかた　なきまね　わらいまね」の問題。どこまで、追体験するか、感情表現するか、などの課題はあります。

⑤ 行動（アクション）

　行動を示すコトバ、行動をうながすコトバで、おもに動詞があてられています。
　ある状況で、言う人の意図により、さまざまなコトバが行動を表します。
　行動は、人が現状を変えようとする行為です。

（「僕」は見舞いに来て、女友だちの緑が、父親の看病に疲れているのを見て、しばらく見ているからと、緑を休ませる。初対面の父親は、それまで口をきく意欲もなく黙っている。「僕」は、かまわずに学校の講義のエウリピデスの話をする。）

　それだけしゃべってしまうと、ひどく腹が減ってきた。朝食を殆ど食べなかった上に、定食も半分残してしまったからだ。ぼくは昼食をきちんと食べておかなかったことをひどく後悔したが、後悔してどうなるというのでもなかった。何か食べ物がないかと物入れの中を探してみたが、海苔の缶とヴィックス・ドロップと醤油があるだけだった。紙袋の中にはキウリとグレープフルーツがあった。

　「腹が減ったんでキウリ食べちゃいますがかまいませんかね」と僕は訊ねた。

　緑の父親は何も言わなかった。僕は洗面所で三本のキウリを洗った。そして皿に醤油を少し入れ、キウリに海苔を巻き、醤油をつけてぽりぽりと食べた。

Bことばときもち

> 「うまいですよ」と僕は言った。「シンプルで、新鮮で、生命の香りがします。いいキウリですね。キウイなんかよりずっとまともな食いものです」
> 僕は一本食べてしまうと次の一本にとりかかった。ぽりぽりというとても気持ちの良い音が病室に響きわたった。キウリを丸ごと二本食べてしまうと僕はやっと一息ついた。そして廊下にあるガス・コンロで湯をわかし、お茶を入れて飲んだ。
>
> （村上春樹「ノルウェイの森」）

まず、言ってみましょう。

この引用文からだけでも、

腹が減る、キウリ、海苔、醤油、お茶など、五感（生理感覚）を刺激するコトバがあり、全体の、病院の病室らしい中で食べ物を探している主人公のイメージが、何となく想像され、病室、洗面所、ガスコンロ、廊下、物入れ、紙袋、緑の父親、などの事実を組み立てていくことができるでしょう。

でも、もの語りを、次から次へと駆り立てるものは、主人公の「僕」が、何をしているのだろう？　何をしたいのだろう？　なぜこんなことしてるのだろう？　という関心です。

ここで、主となっているのは、行動です。

もの語りを語るとき、行動をみきわめるのがなぜ大事かというと、それが語りを推し進めていくものだからです。それがはっきりしていないと、もの語りは静止してしまいます。語っている人の気持ちがおしすすめられていないまま、変わっていってないまま、言葉だけが発せられている状態になります。その結果、コトバはぶつぶつと途切れた感じになります。

始まりはごく小さい行動がいくつも行われ、少し大きい一つの区切りで見ると、こういうことをしたいのかと、分かります。（上の例で言えば、腹が減っているのに気づき、食べものを探し、洗ったり、味付けしたりしていって、お腹を満たします。そこまでの区切りで言えば、お腹を満たそうとする行動というわけです。）

黙読したり、聞いたりする受身の場合では、これらのコトバからの刺激を受けとってるだけでよいのです。

これらの動詞は、発音すれば、そのままでもかすかに、聞く人の気持ちを刺激します。語っていく立場に立った時、自分の中を活発に活動させて、コトバにふさわしい力があるようにしたいものです。それには、語る人の態度に、意欲があるとないとでは違ってきます。語調、語気、発音の明瞭さなどが、動作を確実に示します。

（読む人が読みすすめていく源泉は、もっと勝手なものかもしれません。いい声を聞かせたいとか、名調子を堪能してもらいたいとか、すらすらと読めるようになったのを褒めてもらいたいとか。ここでは、それらは置いておきましょう）

行動は現状を変更しようとする一連の行為です。その結果、成功で報われるか、不成功におわるか。いずれにせよ現実では、また違った行動がはじまります。

感情は、行動の結果大きく表われます。ひとつの行動の途中でも、不安、期待、いらだ

ちなどの感情に襲われます。（P.138の図参照）

　前ページの引用文にすぐ続く文章です。

　「水かジュース飲みますか?」と僕は訊いてみた。
　〈キウリ〉と彼は言った。
　僕はにっこり笑った。「いいですよ。海苔つけますか?」
　彼は小さく肯いた。僕はまたベットを起こし、果物ナイフで食べやすい大きさに切ったキウリに海苔を巻き、醤油をつけ、楊枝に刺して口に運んでやった。彼はほとんど表情を変えずにそれを何度も何度も噛み、そして呑みこんだ。
　「どうです?　うまいでしょう?」と僕は訊いてみた。
　〈うまい〉と彼は言った。
　「たべものがうまいっていいもんです。生きている証しのようなもんです」
　結局彼はキウリを一本食べてしまった。キウリを食べてしまうと水を飲みたがったので、僕はまた水さしで飲ませてやった。　　　　（「ノルウェイの森」）

　この行動（アクション）については、次章「C 作品を読む」の「アクション」の項で、いくつか細かく、説明してあります。

● 気持ちの集中
　声で言う場合、例えば文字で「オハヨウ」が書かれてあって、それをどういう態度・気持ちで言うかが任されているわけです。結びつきはかなり、自由だから、必ずしも書いた人＝作者の意図通り、同じというわけにはいかない場合も多いでしょう。どう結び付けるか、次章「C 作品を読む」では、様々な場合でのその作業について紹介します。参考にしていただけたらと思います。
　感心する読みは、この気持ちが絶えず活発に働いているもののようです。物語の世界に引っ張り込む、いい道案内というわけです。

　ここまで「5つのエリア」を見てきましたが、この5つのエリアが読むときに、どのようにかかわって来るのか、具体的に示してみます。

（井伏鱒二「屋根の上のサワン」）

　おそらく気まぐれな狩猟家か悪戯ずきな鉄砲うちかが狙い撃ちにしたものに違いありません。

　　　〈推定する事実〉

44

私は沼地のきしで一羽のがんが苦しんでいるのを見つけました。

　　　　〈イメージ＋事実　感情〉
　　　　苦しんでいるというので共感するものがある。適度に。
　　　　見つけました。発見した時の、心の動きがあります。「ました。」に
　　　　こめられます。感情というほど強いといえないかもしれません、大
　　　　きくは含まれますが。

　がんはその左の翼を自らの血潮でうるおし、満足な右の翼だけを空しく羽
ばたきさせて、青草の密生した湿地で悲鳴を上げていたのです。

　　　　〈生理感覚〉五感が動員されます。血の匂い、青草の匂い、湿地特有
　　　　のにおい、羽ばたきの音、悲鳴、自分が傷ついた時の生理感覚が誘
　　　　われます。もちろんイメージが鮮やかに描けます。できたら空間に、
　　　　頭の中ではなく。

　私は足音を忍ばせながら傷ついたがんに近づいて、それを両手に拾い上げ
ました。そこで、この一羽の渡り鳥の羽毛や体の温かみは私の両手に伝わ
り、この鳥の意外に重たい目方は、その時の私の思い屈した心を慰めてくれ
ました。

　　　　〈生理感覚〉湿地のぬめる泥の触感、重たい目方、温かみ、は皮膚感
　　　　覚、筋肉感覚を呼び覚ませます。思い屈した心、は感情ともとれる
　　　　が、すぐには分からないまま、保留にしておきます。慰められるは、
　　　　〈感情〉です。

　私はどうしてもこの鳥を丈夫にしてやろうと決心して、それを両手に抱え
て家へ持って帰りました。そして部屋の雨戸を締め切って、五燭の電気の
光の下でこの鳥の傷の治療にとりかかりました。

　　　　ここは〈行動〉です。「両手に抱えて」「持って帰り」「締め切る」「治
　　　　療にとりかかる」これらは順序がある行動です。ことばには、意欲
　　　　に見合った強さがほしいところです。強さは、いくつかのことば、
　　　　「どうしても」「してやろう」「決心して」の言葉自体にもありますが、
　　　　動詞の言い方でさらに示せるものです。

　こうして読む人が、読みすすめながら、ことばに結び付いた、気持ちの集中を移してい
くことで、聞く人は、ことばに刺激され、身近な感じを持っていけるもののようです。
　ほんのわずか、読む人に真実の感覚が動いていればいいのです。
　そうでないと、単なる説明と思われ、聞く人とかかわりの薄いものとされてしまいます。

あるいは、強調してもわざとらしいと思われるだけになってしまいます。また、読む人が活発に感覚を動かしていないと、すべてが報告と受け取られる、なにか気の抜けたものになります。

　声で言うときに、どうしても含まれてしまうものが、何かわかっていただけたでしょうか。それは、書いてあるコトバを言うときに、表現の大きな力にもなり、また、時には、力をそぐものともなります。

　これまであまり気づかれなかった、これら５つのエリアを意識していくことで、より的確に、**言うコトバ**の力がつくと思います。

Ⅱ　はじめのはじめ—思い切って大胆に

■何を読む？——まずは、やりたいものから読むのがいい。

　どうも今はないと言いう人は、なんでも。新聞記事でも。ある集まりでは市報を読む人がいました。人に勧められたものでも。

■さて発表。人前で、何か発表するのは、初めてではなくても、どうも調子をつかむまでは慣らしがいるという人もいるでしょう。

　覚えてやるという人はなかなかいなくて、実際のレッスンではたいてい書いてあるものを、読んでいます。

　これを読もうと思っても、いざ読むとなると、緊張してしまうものです。それを、何とか突破して読む。

■よむ速さはどのくらい？——慣れてない人はとても早口になりやすく、読んでいるうちに加速度までついてしまいます。どうしたらいい？

　よみながら自分がすぐ分かっていく速度がよいでしょう。自分が分かっていれば、聞いている人もわかっています。(P.34 参照)

　声もまずまず大きくはっきりわかるように言っている。聞いている人も一応わかる。でも、たいていは、声は内向きで、自分にまず納得させようという読みで読んでいる場合が多いのです。（この段階でいろいろと言っても、あまりその人にプラスにならない。）

　さらに、自分が分かったものを、今度は聞いている人に分かってもらうように話してみ

る。(これが大体できるようになって、初めてはたから注文を付けられる——大げさに言うと批評の対象になる？——わけです)

　この2つの聞き分けは、はたで聞いているものには、割と分かりやすい。この指摘で、気付く人も多いでしょう。

（0）「イメージは外に作る」を基本に

＊ アクションと結びついたことばを、しっかり
　「大きなかぶ」を抜くときの掛け声。「うんとこしょ　どっこいしょ」。
　トルストイ再話「おおきなかぶ」内田莉莎子訳

　　　おじいさんが　かぶをうえました。
　　　「あまい　あまい　かぶになれ。
　　　おおきな　おおきな　かぶになれ。」//
　　　あまい　げんきのよい
　　　とてつもなく　おおきい　かぶが　できました。//
　　　おじいさんは　かぶを　ぬこうと　しました。
　　　　うんとこしょ　どっこいしょ
　　　ところが　かぶは　ぬけません。//
　　　おじいさんは　おばあさんを　よんできました。
　　　おばあさんが　おじいさんを　ひっぱって、
　　　おじいさんが　かぶを　ひっぱって——
　　　　うんとこしょ　どっこいしょ
　　　それでも　かぶは　ぬけません。//
　　　おばあさんは　まごを　よんできました。
　　　まごが　おばあさんを　ひっぱって、
　　　おばあさんが　おじいさんを　ひっぱって、
　　　おじいさんが　かぶを　ひっぱって——
　　　　うんとこしょ　どっこいしょ
　　　まだ　まだ　かぶは　ぬけません。//
　　　　（中略：いぬ（まだ4回）／ねこ（それでも）／ねずみ）
　　　やっと、かぶは　ぬけました。（了）

　そう、加勢が増えていくにつれ、声が大きくなっていく。いいですねえ。

でもその声、ただ広がって大きいだけでは？　ことによると向こうに押しやるように言ってません？　声には方向があります。

　引き抜くのですから、力は手前に、自分の方に向かってしっかりと。声も手前に、自分に向けて出すと、そのようになります。やってみましょう。

■レッスンのすすめ方■

　　　　ここからは、レッスンの実況のルポで、よむ人が、作品に取り組んでいった様子をレポートしていきます。

　　　　簡単に**レッスンのすすめ方**を記しておきます。

1　よむ人が読みたいもの（作品）をまず全部読みます。聞いている人たちに感想やコメントを言ってもらいます。本人にも、今の読みについての感想を言ってもらいます。コーチがコメントします。

　　☆読みについて説明できるコトバは、今のところかなり貧弱です。すこしでも、的確な表現ができるようにしようというわけです。

2　読みすすめていくかどうか？　をコーチが決めます。

　　☆読む人にとってあまりに簡単で1回よめば充分と思われる場合、または、あまりに難しすぎる場合、あるいは、何回も聞くにはどうかと思われる場合、ここで終わりにします。

3　よむとなったら、練習を何回かやることになります。

　　それは、最初の読みで、よわいところ、あいまいなところ、やろうとしてできていないところ、物足りないと思われるところなどを、部分的に細かくチェックし、かなり満足いくまで練習を重ねます。

4　最後、全体を通して読んでみます。

　　また、聞いている人たち、本人にも、コメントを求めます。

　　　　ルポといっても、よむ人が朗読しているもの（作品）については、この本を読まれている方には、実際はわからないことになります。聞いている他の人のコメント、練習のようすの記述などから、推測していただくことになります。

　　　　練習や、コーチの指摘は、足りなかったところに片寄りがちです。実際の朗読では、もっといろいろな表情があったと思っていただきます。

　　　　ここに取り上げている作品は、かなりよむのに練習がいるものが多いはずです。これは、その時のよむ人の関心を第一としたい、出発点としたいからです（かならずしもやさしいものから並べてありません）。

　　　　練習している場合は、「よむ」とします。語るまでできていないということで。

　　　　ものによって、違った書き方で、記してあります。よむ場合の参考に、また、コーチするときの心覚えになるように。

　　　　くりかえしますが、細かく練習しているところは、よみにあらわれている表現が、よわいところ、あいまいなところ、音だけになってしまうところなどです。

＊ イメージは外に作る

【朗読レッスン】木下順二再話「山の背くらべ」／よむ人＝タマキさん

> 　大昔、しんと静かな中に、山が二つ並んでおった。
> 　三角形を、すらりとさかさに伏せたような、かわいらしい山と、今一つは、それよりもちょっと丸みを帯びた形の山であった。
> 　二つの山は、ちょうど同じ高さのようであった、しかし、よく見るというと、ほんの少し、違っておるようでもあった。

　タマキさんは、頭の中には、はっきりイメージを浮かべているようでした。それは、ちょっと注意してみればわかります（眼が内を向いているといってよいでしょう）。
　声も、頭の中の範囲で出しているようで、広がりをなかなか持てません。
　今この場所、話している空間に、山を作ってみます。読んでいるその場所に想像で。具体的な目印を決めて、二つの山の頂上を定めます。現在のこの空間の中に思い描くのです。イメージを思い浮かべながら、話していきます。タマキさんは、はじめのうちはうまくできませんでしたが、何とかできるようになると、がぜん声に広がりができて、二つの山があるように感じられてきました。
　山を見ているタマキさんのリアクションから、聞き手の私たちはわかるのでしょう。
　頭の中だけの時は、小さくて、中を覗いて見ればわかるかも、という感じです。
　この手引きでは、**頭の中のイメージをできるだけ、外に作っていきながら、話していくのを、基本にします。**

（1）一気に読んでみる

＊聞き手から話し手へ

【朗読レッスン】安房直子「風のローラースケート」／よむ人＝マシバさん

> 　峠に、茂平茶屋という、小さな茶店があります。
> 　きょうは、そこの主人の茂平さんの話をしましょう。茂平さんはまだ若者です。つい最近結婚して、奥さんと二人で山に入って茶店を開いたばかりです。その前には何をしていたかといいますと、山のふもとの、小さな町の食堂で、うどんをつくったり、おでんを煮たりして働いていました。

B ことばときもち

　さてこの茂平さんが、結婚して山に小さな店を一軒持って、「茂平茶屋」なんて名まえまで付けて、はりきって仕事をはじめてから、半年ほどたったある日のこと──。
　あれは、秋の終わりでした。
　山の木の葉がだいぶ散って、風もつめたくなりかけたその朝、茂平さんは、ひょいと、いいことを思いつきました。

> それはベーコンを作ること。だが、ようやく作ったベーコンはいたちにとられてしまう。茂平は風のローラースケートをはいて追っかけて、やっと追いついて、海を見ながらいたちと一緒にベーコンを食べるというお話。

　マシバさんも、空間に茶店を作ることを始め、ベーコンつくりのいぶす炉、奥さんへの指図、空間にイメージしながら話していきます。
　（3回目ぐらいのレッスンで）できかけたベーコンを2ひきのイタチに狙われることになるのですが、話がその頃になると、マシバさんは興に乗って、どんどん読み進んでしまいます。
　集中も途切れないで、イメージもかなりはっきりと創り出しながら、声も良く出ているので（発音はところどころ舌っ足らずではありましたが）、そのまま終わりまでやりきってしまいました。
　この時マシバさんは、人前でお話しするなんて初めてで、こんな長い一つの話を始めから終いまでしたのは、初めてだったといいます。
　でも、できるもんですねえと、さすがに興奮していました。

！ここでいくつかの注意喚起

●聞く人から話す人へ

受身から能動へ　ここで、大きく立場が変わっているのです。聞いて楽しむから、話して楽しむ人になるわけです。人前で話すときのことは、後に詳しく述べます。

エネルギー　話すときは、聞いているときよりエネルギーが要ると思います。

創る感覚　話す事柄は、作者がすでに書いています。でも話していくとき、声や発音がしっかりしていることはもちろんですが、ほかにも準備がいります。自分から、作者が書いていることを、想像していくことです。当たり前のことですが。これは大きなことです。それも、読む時に、毎回新たに想像します。一回で終わりではありません。

想像が頼り・頼りないものに頼る　イメージとか気持ちとかはっきりと、目に見える手にさわれるようなものではない不確かなもの。でもそれを元にしていくことで、成り立たせていくのです。
　これまでの人生の体験が大きな助けになるでしょう。

●気になること いくつか

最初これだけは注意してということがあります。

速度　初めの方にもちょっとあげておきました。読む速度です。
　　　読みながら自分が分かっていく速度、です。

発音　たいてい苦手な発音があるものです。すこしぐらいのことなら聞いている人は
　　　好意を持って聞いてくれます。ちょっと事前に練習しておくくらいで。

視線　どこを見ていいか、とても困ってしまうことの一つです。誰か熱心そうな一人
　　　をみつけて。想像したものを空間に浮かべて。といろいろありますが、ま、何と
　　　かなるものです。聞き手と仲良くなるのが一番です。

台本：顔を隠さないように　たいてい読むもの（台本）を手に持っています。夢中に
　　　なるとこれで顔を隠してしまいがちです。両手で持って、わきの下を楽にして、
　　　ひじを曲げたくらいの高さで支えるのがいいようです。

＊2度目は ぼろぼろ
【朗読レッスン】小川未明「赤い蝋燭と人魚」／よむ人＝カサイさん

　人魚は南の方の海にばかり住んでいるのではありません。北の海にも住ん
でいたのであります。

　北方の海の色は青うございました。あるとき、岩の上に、女の人魚が上
がって、あたりの景色を眺めながら休んでいました。雲間から漏れた月の光
がさびしく、波の上を照らしていました。どちらを見ても限りない、ものすご
い波がうねうねと動いているのであります。

　なんという寂しい景色だろうと人魚は思いました。(略)

　その人魚は女でありました。そして身持ちでありました。(略)

　子どもから別れて、一人さびしく海の中に暮すということは、この上もない
悲しいことだけれど、こどもがどこにいても、しあわせにくらしてくれたな
ら、私の喜びはそれにましたことはない。(略)

　人間は、この世界のうちで一番やさしいものだと聞いている。(原文旧かな)

北国に棲む人魚が子どもにはさびしい思いをさせたくないと暖かいところに行って子を産
み、優しい夫婦に娘を託します。人魚の娘は、蝋燭に絵を描いて報い、その蝋燭を山の祠
にともすと、海で嵐に合わなくてすむようになったのです。そこへ香具師がやってきて、人
魚を見世物にしようと企みます。その気になった養い夫婦に怒った人魚の母親が、娘をと
り返しに来ます。村人が、娘が最後に絵を描くことができずに残った赤い蝋燭を供えると、
かえって海で遭難するようになり、海辺の町は滅んでしまったという長い話です。

52

カサイさんは、2つぐらい短い話をやりおえたあと、この少し長い話に取り組み、一気に読むことに取り組みました。

最初の回は、かなり聴かせてくれる出来栄えでした。

二度目、これが同じ人かと思えるぐらいひどいものでした。

先へ先へと気が逸ってしまっている。本人は、自分ではそうは思わないと抗議します。でも、きちんと今いる場所が作れていない。口にしていくことばだけが先に行ってしまって、気持ちが伴っていかない。事柄だけが、コトバだけが発音されていくだけで先に行って、気持ちが付いていかないままになっている感じなのです。

イメージはぼんやりした印象で、人魚の娘の気持ちもおざなりに感じられます。

これは一言で言うと「結果を追いすぎた」からです。

前の時の読みのよかった調子を思い出して、知らず知らずに、その時のよい読みをやっていこう、まねていこうとしてしまうからなのです。

うわべの変化だけを追うとだめ。言い方だけになります。言葉だけが滑るとも言います。

その変化が生まれてきた元のところを作るのです。用意していくのです。

それはほとんど一回一回、新たに作る気持ちでいくことが大事なのです。

（2） 気持ちの変わり目、場面は移る

場所が移ることではなく、主な人物の気持ちが変わることで、場面が変わることをいいます。事柄とそれに伴うさまざまな変化については別の項で述べます。

＊ 大きな区切りで分けてみる

区切りは、場所が移ったりしているところを目安にすると、分けられます。

それと共に、人物の気持ちが変わるところで分けていくことも大事です。

国語でいう段落です。同じと考えていいです。ただ、話していくときは、場面をまとめていく力のようなものが必要です。

＊ 分けただけでは足りない　まとめる

キーワードを見つけて、それを中心にする。

C
物語を読む
話し手（語る人）になってみてわかること

アウトライン

作品（よむもの　話すもの　語るもの）

■一人の視点を追って行く
登場人物（作者である場合も）
（複数でも一つの場面では）　動きにつれて
気持ちの変化を追う
言葉との新たな結びつきを探る
アクションと結びつける
人物のアクションを追う　体験する（ことばも共に）
（ことばにはそのアクションをする時の力がこもっている）
場面が変わる
場面のまとまり　あってこそ
場面の切り替え(口調　間　高低　語気の変化)
場面の緊迫、ゆるやかさを出す
相手が出てくる
関係は？　関係に応じた言葉　態度をつくっていく
声線（目線でなく）の上下
人物の気持ちの移り変わりに応じる
声の方向
視点を変えると、同じもの語りが違って聞こえる
人物の口調の特徴をつくる
語りのテンポリズムを

■物語の進行
はじまり（出だし）―なか（途中）―しめ（おわり）
それから？ それから？（サスペンス）
物語を進める
情況を語る
雰囲気を作る
まわりの風景を述べていく
ことが起きる（事件）　ことが起こる　ことを起こす
ヤマ場（クライマックス）
人物の関係が変わる
終わり（締め）

I 一つの作品と取り組む

語っていく作業は、なかなか入り組んでいます。

何人かが、一つの作品を一人ずつ通して読んでみて、不充分だと思ったところを、練習して、自分の望むものにしていく様子をレポートします。

これによって、各自がおそらく突き当たるだろう問題点を、おおまかにとらえてもらえればと思います。

(0) 一作品に取り組む

【朗読レッスン】芥川龍之介「蜘蛛の糸」／よむ人＝ワタヤ・ソノベ・マキタ・アサカ
●作品について

まず短い作品・芥川龍之介「蜘蛛の糸」を取り上げます。ゆっくり読んでも１２分程度です。

> あらすじ：大泥坊の犍陀多は、たった一つ善い事をしたことがあります。道に這っている蜘蛛を踏みつぶさないで助けてやったのです。お釈迦様がそれを覚えていて、極楽の蓮池から地獄の血の池に蜘蛛の糸を下してやります。血の池にいた犍陀多は、その糸にすがって上って行きます。途中、見下すとたくさんの罪人が行列をなしてその

糸を登ってきます。犍陀多が、怒って、おれの蜘蛛の糸を何で断りなく登ってくるの
だと怒鳴ると、糸はぷっつりと切れてしまい、元の地獄に落ちてしまいます。見てい
たお釈迦様は、浅ましいと思って、悲しそうな顔をします。極楽の朝からお昼までの
お話です。

●全員が一通り読む

　ワタヤ・ソノベ・マキタ・アサカの４人が一通り読んだあと、気付いた各人の読みの特
色と、練習の課題を明確にします。

　ワタヤさんは、練習をはじめてから３か月ぐらい。語る速度がどうしても早くなってし
まいます。ここでは、極楽の場面のテンポをゆっくりしたものととらえ、読みも、情景に
ふさわしいテンポにしようと練習します。

　ソノベさんは、人物の気持ちにすぐ入って、聞く人を話に引きこんでいく力があります。
方言に悩んでいます（これは別項に述べます）。いわゆる平口で、なんでも明るい陽気な話
し方になってしまいます。地獄の場面を恐ろしく、暗い感じにしたいのです。

　マキタさんは、面白い持ち味があって、犍陀多のせりふは、いかにもと思わせる声色で
いいます。息が長いので、何でも息一杯に続けて語ってしまう癖があります。芥川の短く
区切るような文体は、どうかと挑戦します。

　アサカさんは、端正な語りで、聞いている人はみな、感心してしまいます。でも、全体
を外側から語っているようで（説明的というほどでないけれど）もどかしく、本人ももっ
と生き生きと迫るように語りたいと願っています。

　以下、こうしてそれぞれが目指したことをできるようにするために、練習をかさねてい
く様子の一人ひとりのレポートです。

　読む４人の他に、テラキさん、ナクラさんが聞いています。

●「蜘蛛の糸」を読む１／よむ人＝ワタヤ

　最初の極楽の情景、明るくゆったりとしたい、ということでした。

　或日の事でございます。御釈迦様は極楽の蓮池のふちを、一人でぶらぶ
らお歩きになっていらっしゃいました。池の中に咲いている蓮の花は、み
んな玉のようにまっ白で、そのまん中にある金色の蕊からは、なんとも言
えない好い匂が、絶間なくあたりへ溢れております。極楽は丁度朝なので
ございましょう。

文１—Ａ

ここまで読んで、聞いている人たちに感想を聞きます。

58

N（聞き手・ナクラ）：テンポかなり速い感じ。なんか忙しいわね。

T（聞き手・テラキ）：通勤の人みたい。

S（聞き手・ソノベ）：「一人でぶらぶらお歩きに」っていってますもんね。

ワタヤ：お釈迦様のイメージがなかなか浮かばないし、決まらないんです。足だけ、眼だけ、手だけ、とかは、浮かぶんですけど。金の仏像そのままとか、ほとんどロボット。困る。

コーチ：まだ、無理に決めようとしなくてもいいですよ。

　このあと、ワタヤさんは、〈ゆっくりしたテンポで話す〉を、かなり練習します。

　また、コーチより細かい指摘を受け、それに応じようと何回か試みます。

　　「池の中に咲いている蓮の花は、みんな玉のようにまっ白で▽、そのまん中にある
　　金色の蕊からは、なんとも言えない好い匂が▽、絶間なくあたりへ溢れております。」

　以上のところ、読点（、）ごとに切って、その終わりの音「〜は」「〜で」「〜は」「〜が」を、同じに音程を下げ過ぎるので、単調な感じになってます。どれかつなげて、とくに「蓮の花は、」以下句点（。）まで、蓮のこととしてつなげて、言った方がいい。（▽）で息継ぎをするくらい、つなげて言った方がいい。

　「金色」などはイメージと結びついてるけれど、匂いが、ぜんぜん。「なんともいえない」のところばかり、声を大きくして強調していってるけど、感じてない。匂いを吸い込み、感じながら言うと、ふくらみが出ます（もちろん、イメージの匂いを感じながらです）。

　これまでのところ、修飾語が荒っぽい。感じながら注意深く（集中しながらと言ってもいい）いってほしい。出やすい音を勢いや調子に任せて言うのは、いただけない。

　「極楽は丁度朝……」それまでを受けて。「朝」を急ぎすぎない。慌てて言おうとしない。チョウドのあと、朝の情景を見る間があってもいいくらい。

　また、アサの発音、サの方が強く突くように言うから、あせった感じに聞こえる。ア　サと、音の粒をそろえて言ってみて（このあと、ワタヤさんは練習します）。

■ほかにも、次のようなコメントがありました。

┌───┐

　［或日の］　アクセント「アルヒノ」ルヒが高い×（これはアサカさんも）。アルヒノ○
　　注：×はよくない、○はよいを示します。このあとも時々、この表記を使います。

　［まっ白］　だけが浮き立って、「いけのなか」「さいている」「たまのよう」が引っ込み
　　すぎてしまっている。工夫してみて。

　［金色］　などはいいが　匂いへの集中が足りない〈生理感覚の応用〉「なんとも」「よい
　　におい」
　　　ただ言い方で強調して見せるだけだとふくらみが生まれない。

　［極楽は〜］　それまでの全体を受けて、まとめて言う感じにしたい。少しはその感じ
　　はあるけれど、弱い。

└───┘

やがて御釈迦様はその池のふちに御佇みになって、水の面を蔽っている蓮の葉の間から、ふと下の容子を御覧になりました。

　この極楽の蓮池の下は、丁度地獄の底に当っておりますから、水晶のような水を透き徹して、三途の川や針の山の景色が、丁度覗き眼鏡を見るように、はっきりと見えるのでございます。

　この犍陀多という男は、人を殺したり家に火をつけたり、いろいろ悪事を働いた大泥坊でございますが、それでもたった一つ、善い事を致した覚えがございます。

　と申しますのは、或時この男が深い林の中を通りますと、小さな蜘蛛が一匹、路ばたを這っていくのが見えました。

　そこで犍陀多は、早速足を挙げて踏み殺そうと致しましたが、「いやいや、これも小さいながら、命のあるものに違いない。その命を無暗にとると云う事は、いくら何でも可哀相だ」と、こう急に思い返して、とうとうその蜘蛛を殺さずに助けてやったからでございます。

文1—B

N：「〜みえるのでございます。」まではまだあまり暗い感じでなくて、いいよね。

T：フト、っていうの、後の方でも出てくるんだけど、感じがいまいち。重すぎるんだなあ。

ワタヤ：「〜御覧になりました。」が太い声になってしまったものですから。あせってしまって。

A：「この犍陀多は……」のところから少し調子を変えて、恐ろし気になっているわね。

N：「それでも、たった一つ……」から、微妙に少し明るい口調になるのは、自然でなんか面白い。

コーチ：「いやいや、これも小さいながら、命のあるものに違いない。その命を無暗にとると云う事は、いくら何でも可哀相だ」——この、セリフのところは一か所だけ、句点「。」のところだけを切るようにしたほうがいい。

　やりつけないことをするというので、声音がゆがんだかんじになるのが面白い。しぜん早口になっているのもいいです。

　御釈迦様は地獄の容子を御覧になりながら、この犍陀多には蜘蛛を助けた事があるのを御思い出しになりました。そうしてそれだけの善い事をした報には、出来るなら、この男を地獄から救い出してやろうと御考えになりました。

　幸、側を見ますと、翡翠のような色をした蓮の葉の上に、極楽の蜘蛛

C 物語を読む

が一匹、美しい銀色の糸をかけております。御釈迦様はその蜘蛛の糸をそっと御手に御取りになって、玉のような白蓮の間から、遥か下にある地獄の底へ、まっすぐにそれを御下しなさいました。

文1—C

N：お釈迦様が蜘蛛の糸を下すところ、さらっといっているのがいいわ。

T：なんとなく、まだるっこしく思うのだけど、それがお釈迦様ね。

S：慈悲の心が、蜘蛛の糸だとおもうんですよね。

N：フーン、そういう気持ちがあるから、ソノベさんのは、迫力が生まれるんだ。

コーチ：ワタヤさんのは、一定のリズムで調子よく進み過ぎる。快活さはあるが、「殺さずに助けてやった～」まで　文節区切りの息。同じリズム形で、不愉快ではないけど単調な感じ。

■そのほかのコメント

［とうとうその蜘蛛を殺さずに助けてやったからで］　ゆったりとした一つの語り口の中に収めている。大泥坊が学者みたい、そういう面もあるかもしれないが、助けることが予定の行動のように感じさせてしまう。

［お釈迦様は……蜘蛛を助けた事が］　ソノベさんのは、スッとお釈迦様になっている（語ってる人が釈迦、というかんじ）。成り代わってしまう方が、親しみが出る。ここ、よく二人の特徴が出ている。

［幸、側を見ますと～］　あたりで、また、語り手が釈迦の説明の感じに戻ってしまっている。ハスノハ、発音不明瞭。

●「蜘蛛の糸」を読む2：地獄の場面／よむ人＝ソノベ

ソノベさん（読む）：〈暗く読みたい〉

　　こちらは地獄の底の血の池で、外の罪人と一しょに、浮いたり沈んだりしていた犍陀多でございます。

　　何しろどちらを見ても、まっ暗で、たまにそのくら暗からぼんやり浮き上がっているものがあると思いますと、それは恐ろしい針の山の針が光るのでございますから、その心細さと云ったらございません。

　　その上、あたりは墓の中のようにしんと静まり返って、たまに聞こえるものと云っては、唯罪人がつく微な嘆息ばかりでございます。

　　これは、ここへ落ちて来る程の人間は、もうさまざまな地獄の責苦に疲れはてて、泣声を出す力さえなくなっているのでございましょう。

61

> ですからさすが大泥坊の犍陀多も、やはり血の池の血に咽びながら、まる
> で死にかかった蛙のように、唯もがいてばかりおりました。
>
> 文2―A

N：あかるい陽気な感じ。時々恐そうな声色を使うのも、子どもがおどかしてるみたいで。
　暗くなりそうにないけど。

コーチ：平口だからかな。アが、口の前の方で、舌も横に広がったままで、発音されている
　る。これが平口、正式な名称じゃないようだけど。ちょっと甘えた感じにきこえる。こ
　のごろ多いです。
　　前のアともいい、奥のアと区別するときがある。奥のアは、口を縦に開いて奥を使う感
　じです。
　　暗っぽく聞こえるでしょう。日本語では、重々しく見せたりするときに使ってます。

ソノベ：こんなふう？　（やってみる）

コーチ：うまいじゃない。細かくやってみましょうか。
　「あたりは墓の中のようにしんと静まり返って、たまに聞こえるものと云っては、唯罪人
　がつく微な嘆息ばかりでございます。」
　　ア段は多いですね。「墓の中」ハ、カ、ナ、カ。「静まり返って」マ、カ、と、それとエ
　段のエ、テも。「たまに」タ、マ。それとエ段の、エ、テも。「ただ罪人がつく」タ、ダ、
　ザ、ガ。「微かな溜息ばかり」ここは多いです。
　　カ、カ、ナ、タ、バ、カ。あと、「ございます」のザ、マ。
　　口を縦にいつもより開いて、特に奥の方を広げて、発音すれば、奥のアになります。
　（ソノベさんは、「　」ごと、4、5回繰り返してやってみる。なかなか、かなりカンよく
　変えて言えるようになります）

ソノベ：（奥のアがいえる）こんな何回も、一つ一つやるんですか？　あかちゃんみたい。

コーチ：そりゃあ、ソノベさんが、ン十年それでやってたんですから、一から変えるには、
　これくらいやらないと。でも、よく変えられて、発音されてますよ。
　　（ソノベさんが、上の文（2―A）を続けて言ってみせると、聞いている人たちは暗く
　　表せていると、納得します。）

　地獄は暗いと決めつけなくても、表現は無限。ただ納得させるものでなくては。
　こうしようと思ったら、工夫してみるのが大事です。

■情景を暗く表現するのに、いろいろやってみるといいでしょう。いくつかほかの例。
　［きこえるものといっては］　　「エルモノト」少し低い音程で、ストレス（強勢）を加え
　　　て言うのを、真似する、できる〇　浪花節のうなりのように。
　　［溜息ばかりで］「ため…」のところでかすかに息を吐くように息を漏らしてみたら、ど
　　　うかな？
　　［かんだたも］「カ、ダ、タ、モ」も暗く、重く低いストレス（強勢）を加える。
　　［ただ、もがいてばかり］「タ、ダ」、「バ、カ」奥のアで、奥を開けて。ダを重く強勢に。

［おりました］　「マ、タ」オリマシタも暗く、音程も低く。

［あたまをあげて］　「ア、タ、マ、オ、ア」奥のアで。低い暗い感じの声が効果的。

［とおいとおいてんじょうから］　「から」は希望があるので、平口のままでいいかも。

●「蜘蛛の糸」を読む3：地獄の場面／よむ人＝アサカ

ここから、アサカさんの読みを追ってみます。端正すぎる読みが、論議の的になります。

　ところが或時の事でございます。何気なく犍陀多が頭を挙げて、血の池の空を眺めますと、そのひっそりとした暗の中を、遠い遠い天上から、銀色の蜘蛛の糸が、まるで人目にかかるのを恐れるように、一すじ細く光りながら、するすると自分の上へ垂れて参るではございませんか。

　犍陀多はこれを見ると、思わず手を拍って喜びました。

　この糸に縋りついて、どこまでものぼって行けば、きっと地獄からぬけ出せるのに相違ございません。いや、うまくいくと、極楽へはいる事さえも出来ましょう。

　そうすれば、もう針の山へ追い上げられる事もなくなれば、血の池に沈められる事もある筈はございません。

　こう思いましたから犍陀多は、早速その蜘蛛の糸を両手でしっかりとつかみながら、一生懸命に上へ上へとたぐりのぼり始めました。

　元より大泥坊の事でございますから、こう云う事には昔から、慣れ切っているのでございます。

文2－B

S：こんなこと言ったら変かもしれないけど。「ところが或時のこと〜」で、地獄の時間（そんなのがあればの話）を感じさせる言い方があるんじゃないかな、と。

N：無理でしょう？

S：でも現実ではないのだから。

T：そう。アサカさんが「あるとき」ていうと、なんか実際の、現実のあるときなのよねえ。

コーチ：まあ、あまりないものねだりしても。

T：それに「銀色の蜘蛛の糸……」。犍陀多には、すぐ蜘蛛の糸ってわかったのかねえ、と突っ込みたくなるのよ。

コーチ：当然知ってる、あらかじめ知ってる、感じの読み方になっていますね。アサカさんのは、語り手が、すべてを知ってる人の立場で語っていいます。犍陀多にあまり感情移入していないからでしょう。いい悪いでなく、語りの一つの態度です。

M：印象を言えば、アサカさんのは、おどろおどろしくなくて、つるりとした地獄。理科の実験記録のように経過、筋だけを報告説明しようとする態度かも知れないですね。

N：そうでもないと思うわ。「上へ上へと」は、人が全身で力入れていく感じで。ここで、蜘蛛の糸なんて細い糸を掴んで登ることが出来るだろうかという、疑問など起させない、有無を言わせない力があると思います。

W：ところで、端正な読みって、どういうのですか？

アサカ：すべての発音がきちんとしていて文の組み立てがよくわかり、情景のありさま、人物の気持ちの移り変わりがよく分かり、間合いやテンポもよい、こんなところかしら。全体としていいたいことが浮かび上がってくれば申し分ないと思うけど。

T：最初は、まあ、そういうの目指すわね。

アサカ：そういうのがどうもいやになってきて、どうしたらいいかと思ってるんです。

コーチ：「こういうことには慣れ切っているので〜」変化をつけようとして、妙に力を抜いているものだから、つながりが、はっきりしなくなる。なれている感じをだそうとしているのかもしれないけど。その前の読みの、力で押しまくっている方がいい。

　　しかし地獄と極楽との間は、何万里となくございますから、いくら焦ってみたところで、容易に上へは出られません。
　　稍しばらくのぼる中に、とうとう犍陀多もくたびれて、もう一たぐりも上の方へはのぼれなくなって仕舞いました。
　　そこで仕方がございませんから、先一休み休むつもりで、糸の中途にぶら下がりながら、遥かに目の下を見下しました。
　　すると一生懸命にのぼった甲斐があって、さっきまで自分がいた血の池は、今ではもう闇の底に何時の間にかかくれております。
　　それからあのぼんやり光っている恐ろしい針の山も、足の下になってしまいました。この分でのぼって行けば、地獄からぬけ出すのも、存外わけがないかも知れません。
　　犍陀多は両手を蜘蛛の糸にからみながら、ここへ来てから何年にも出した事のない声で、「しめた。しめた」と笑いました。

文2－C

N：何万里なんて想像できるかしらね。

T：「しかし地獄と極楽との間は何万里となくございますから〜」のあたり、説明だけで事足れりという感じ。書かれてたコトバをなぞっているだけ。ちょっと荒唐無稽な空間なんでしょ。なんか想像を放棄してしまっているようで。きちんと語られてはいるんだけれど、物足りない。

コーチ：この辺が端正といわれるアサカさんの弱点かもしれませんね。

S：ここのところ、マキタさんは、声色使って、恐いぞうという感じで、面白かった。あたしも、たぶんそんな感じでやると思う。

N：そうそう「シメタ　シメタ」って、秘密めいて、かすれたような強い声で、なかなか

面白い、独特な言い方ね。

W：この犍陀多の声、実際に、マキタさんのように、大声を出すか、アサカさんのように、大声を出したと感じさせる出し方でいうか？どちらがいいんですか。

コーチ：どちらでもいい。全体の持って行き方で、決まると思います。

　ところがふと気がつきますと、蜘蛛の糸の下の方には、数 限 もない罪人たちが、自分ののぼった後をつけて、まるで蟻の行列のように、やはり上へ上へ一心によじのぼって来るではございませんか。

　犍陀多はこれを見ると、驚いたのと恐ろしいのとで、暫くは唯、莫迦のように大きな口を開いたまま、眼ばかり動かしておりました。

　自分一人でさえ断れそうな、この細い蜘蛛の糸が、どうしてあれだけの人数の重みに堪える事ができましょう。

　もし万一途中で断れたと致しましたら、折角ここへまでのぼって来たこの肝腎な自分までも、元の地獄へ逆落しに落ちてしまわなければなりません。

　そんな事があったら大変でございます。が、そう云う中にも、罪人たちは何百となく何千となく、まっ暗な血の池の底から、うようよと這い上がって、細く光っている蜘蛛の糸を、一列になりながら、せっせとのぼって参ります。

　今の中にどうかしなければ、糸はまん中から二つに断れて、落ちてしまうのに違いありません。

文2－D

コーチ：「ところがふときがつきますと〜」ここのところ、驚きがまるでない。メリハリのない、ずるずるとした言い方ですね。書いてあるコトバはちゃんとあるのに、言い方で、打ち消してしまっている、明らかな例！　単純に気が抜けたのですかね。

N：「罪人たちが上へ上へと〜」このところ必死さが、よくわかる。

コーチ：「〜参ります。…」「違いありません。…」文尾のところ力がぬけます。もし〜以下、切迫感がよく出ているのに、残念。

N：「罪人たちは何百となく〜のぼって参ります」「罪人」「糸」　一列になって上ってくる様子が見ているよう。「のぼって〜」でも、力が抜けてないから、犍陀多が追いつめられてる感じが出てると思ったわ。

　そこで犍陀多は大きな声を出して、「こら、罪人ども。この蜘蛛の糸は、己のものだぞ。お前たちはいったい誰に尋いて、のぼって来た。下りろ、下りろ。」と喚きました。

　その途端でございます。今まで何ともなかった蜘蛛の糸が、急に犍陀多の

ぶら下がっている所から、ぷつりと音を立てて断れました。

　ですから犍陀多もたまりません、あっという間もなく風を切って、独楽のようにくるくるまわりながら、見る見る中に暗の底へ、まっさかさまに落ちてしまいました。

　後には唯極楽の蜘蛛の糸が、きらきらと細く光りながら、月も星もない空の中途に、短く垂れているばかりでございます。

文2‐E

コーチ：「こらあ～」の犍陀多のせりふ、ここでは、初めのうちは、　大声を出していってると思わせるやり方から、「だれに～」あたりで、生の声（実際の大声）に移っています。一つのやり方です。ちょっと説明的な感じもしますが、わるくはない。下手にやるとしらける。きわどいところです。

Ｔ：「その途端でございます」この辺、大きい声で言うのは頂けない。ぷつりと切れるという瞬間を、なんかわめきたてているようで。大変なことだといおうとしているのだと、あらかじめわかってしまう。静かにいった方が恐くない？予告もなしに、あっさり切れた感じになって。今のだと、キレるぞーきれるぞー、わーぁきれた、と云ってる感じ。

Ｎ：「こまのように　真っ逆さまに　落ちてしまいました」分かりやすく強調していてよかった。

Ｔ：そうかな。よくある言い方という感じ。実際にどんな感じか、想像すると、違ってやしない？　そういう想像するのを、やらないまま、間に合わせでやったって感じ。云いまわしだけで。

コーチ：「やみのそこへ」明るい感じでいってますね。見通せる。明るい闇ってシュールだけど。ここはどうかな。まあ、無間地獄というのがあるそうですからね。そこは明るいか暗いか。

Ｓ：「後には～　」　この言い方だと、極楽の蜘蛛の糸が針金みたい、がっちりと垂れている感じ。犍陀多の怨念が凝り固まっているような。

Ｎ：ここはもう風にそよぐ葦じゃないけど。ふらっとしてたよりない方が意味が出ると思う、空しさとか。

Ｔ：こういうところ、きっちりしすぎるのがアサカさん。

　御釈迦様は極楽の蓮池のふちに立って、その一部始終をじっと見ていらっしゃいましたが、やがて犍陀多が血の池の底へ石のように沈んでしまいますと、悲しそうな御顔をなさりながら、又ぶらぶら御歩きになり始めました。

　自分ばかり地獄からぬけ出そうとする、犍陀多の無慈悲な心が、そうしてその心相当な罰をうけて、元の地獄へ落ちてしまったのが、御釈迦様の御目から見ると、浅ましく思召されたのでございましょう。

　しかし、極楽の蓮池の蓮は、少しもそんな事には頓着致しません。その

> 玉のような白い花は、御釈迦様の御足（おみあし）のまわりに、ゆらゆら萼（うてな）を動かして、そのまん中にある金色の蕊（ずい）からは、何とも云えない好い匂いが、絶間なくあたりに溢れております。
>
> 　極楽ももう午（ひる）に近くなったのでございましょう。
>
> 文3‐A

コーチ：終わりの方で、気を抜かないようにしないと。「じっと見て・いらっしゃいました・が、やがて〜」（・は保息）の感じで、「いらっしゃいました」といい終わるまで気持ちを持ち続けて。丁寧な言葉はいいつけないから、添え物になりやすい。

　「石のように」のところ、「ように」を抑えて言うと沈む感じがはっきりします。

　「悲しそうなお顔をなさいました。また、ぶらぶらお歩きに〜」ここのところ、悲しい顔のまま歩いたのか、何事もないような顔で歩いたのか、ちょっと想像してみる間がほしい。

　「また」の前、すこし間を置くといい。

　「しかし〜」のあとの、蓮の花の描写はあっさりと、「よい匂い」が溢れかえってるようにできればいうことなし。ちょっとむずかしいか。

　「昼に近くなったので〜」さらりとまとめられましたね。

　──ここで、テラキさんの疑問が出されます。**作者の言いたいことと、語る人の気持ちが違ってしまう場合どうするか**、という。

Ｔ：アサカさんの読みを聞いてると、お手本みたい。だれが書いた？という感じ。まさか、お釈迦様じゃないでしょ。だれか客観的に見て書いたものなの？　芥川の、作者の目線なわけ？　元は？

アサカ：インドの仏教説話らしい。

Ｔ：アサカさんの読みが完璧だからそんなことを考えちゃった。

Ｍ：感情移入を作者がしてるか？って言うこと？

Ｔ：どこに狙いがあるのか？今までそんなこと考えなかったけど。

Ｍ：ポイントがあったほうがいいのか、ない方がいいのか？　どこにあるのか？ということ？

アサカ：仏教説話では、細い糸でも罪人を救えるというのを、芥川は逆にとった。糸を切ってしまった。救われない、エゴを示した。エゴの報い。というんだそうです。ある解説で。

コーチ：それを当然ととるか、そうでないと取るか。地獄にかえっても仕方がないと取るか分かれ道。

アサカ：どうとったらいいのか、わからないんですよね

コーチ：いう時は、たとえば、和尚さんがお説教するときの立場なんか、聞く人によるでしょう。アサカさんは、エゴを肯定したくもあるし、地獄にはおちたくないし、という

気持ちがあって、そこのところは揺れ動いている。揺れ動いていてもいいと思うけど。そこん所に、なにかもやもやしたものがあると、テラキさんはひっかかったんだと思う。考えさせられたんでしょ。

アサカ：調子よく読めちゃうので、なるべくそう読まないようにしたんですけど。

コーチ：間を壊す。いつも自分の息に合わせた同じ間だから。うんと長くとったり、長い間を置くとそのあと早い調子テンポで話さないとうまくないとか、崩されるから。この話はきちんとした話し方が合うのかしらという気持ちになる。地獄極楽のそれぞれの雰囲気はうまく出ている、きちんと。でも、マキタさんの方が全体にはうまく出ていたかもしれない、危なくてしょうがないという感じで(笑い)。どう転ぶか不安定な感じがよく出ていて。語りの危なさとマッチして。これは危ない話しなんだから。荒唐無稽な。驚きがないと。

　だからアサカさんは、一度メッチャクチャにして(よむ感じを)、どう転ぶかわからない話しにしてみたら。(先が分かってる読みじゃなくて)

アサカ：できるかしら。

　以上で分かるのではないかと思いますが、一人の人がある作品を読むのを、その作品の、始めから終わりまで、通して細かく、チェックして行くことは、ほとんどありません。

　たいてい、始めの部分で、細かい指摘を受け、全体のリズムテンポ、人物を作っていくポイント、その他の注意点が、自分なりにつかめたところで、あとは、自分でやって行けるもののようです。

　そしてまた、全体を通して読んでもらって、工夫してきて面白く読めてしまっているところもあって驚いたりします。具合よく収まらないところがあれば、原因を突き止め、読む人本人の望む通りの結果が出るように練習します。

　それは、あくまでもこれが絶対正しいというお手本に合わせようとするのではないのです。

　自分がつくり出そうとするものをはっきりさせていこうとする作業になるようです。もちろん、読み取りが深くなるにつれて作品からの働きかけの大きい場合もあります。

　作品にこんな面もあったかとショックををうけたりする場合です。しっかり、自分の中に取り込めればいいのですが、しばらく間をおいたほうがいいものもあります。時間をおいて再度取り組むようにします。

　はじめのとりかかりは、たいてい、かなりぼんやりしているもので、練習はそれをくっきりさせていくのです。

　それは、たった一音をきちんと言うことである時もあります。相手にやりきれない怒りをぶっつけることである場合もあります。やれてしまえば、できるようになってしまえば、なんということもなく、聞く人にはどうということのないものです。でも、読む本人にとっては、一つのハードルを乗り越えて、違う地平に出た感じがするもののようです。

(ここでは、練習の段階なので「読む」で通します)

●まとめると――

1）テンポを決める　途中で変更するのは極めて難しい　段落等で間を取ってから変える

2）場面の感じ　明暗など　おおまかな雰囲気をつくる

3）事件による変化に応じる

4）人物のせりふ　（言う調子・音程・音色など）工夫する

5）語り手の態度・特質が、作品を独自のものにする

6）作品のテーマに対する、語り手の態度を自覚しておく

7）どうすれば生き生きと語れるか？

などを決めていかなければならないようです。

〈参考〉「蜘蛛の糸」について

　「蜘蛛の糸」は１９１８年（大正７）７月の作。この年、龍之介は塚本文子と結婚、大阪毎日社友となる。虚子に師事。「世之助の話」「地獄変」「奉教人の死」「枯野抄」。

作品テーマ：自分一人だけの利益しか考えない人間のエゴイズムは、他人ばかりでなく、自己をも破壊させる。そのエゴイズムは人間から取り去ることができない。利己的な人間性への諦めや絶望感がある。（笠井秋生『人と作品シリーズ』（清水書院、１９６６年）より）

原典：（A）吉田精一氏は、ドストエフスキィ「カラマーゾフの兄弟」（米川正夫訳）第７編 第３にある「一本の葱」の話が原典だと指摘。意地悪ばあさんを、サタンが火の湖に投げ込み、守り神の天使が乞食女に葱をやったことを思い出し、神様に願って、葱で救い上げようとしたが、一緒につかまって出ようとする餓鬼たちを怒鳴りつけたので、葱が切れて元の湖に落ちて燃え続けている、という挿話。

　（B）山口静一氏は、（A）の元としてトルストイの「カルマ」（１８９４年）を挙げる。「カルマ」は、ポール・ケーラス（Paul Carus）の訳でアメリカの雑誌「オープン・コート」に所載。「The Spider Web」のタイトルで、地獄に落ちた犍陀多が蜘蛛の糸に伝わって抜け出そうとし、そのエゴイズムで、糸が切れて、地獄に落ちる話。日本版は１８９５年（明治28）刊行。

　片野達郎氏は、（B）のトルストイ「カルマ」が、「因果の小車」の題で、１８９８年（明治31）に日本語に訳され（鈴木大拙訳）ていることを指摘。その第４章に「むかし犍陀多と云える大盗あり『去れ去れ此の糸は我がものなり』と覚えず絶叫したりしかば……」との表現があるとしている。

II 場面の細かい取り組み

　もの語りの仕組みをおおまかに述べると共に、具体的な練習のレポートで、いくつかの
ポイントの実例を示してみます。
　実際にやりだすと、やるその人だけの持っている問題が出てきます。
　それと、どのように取り組んできたかの、やや細かい記録です。

（1）もの語り

　もの語りの作品は、大まかに、人物の会話と、地の文に分けられます。
　地の文は、主として、もの語りを進め、叙景、状況、人物の外見、心理、人と人の関係
など描写し、明らかにします。
　会話は、主として、それをいう人物の年齢、性別、身分、職業、性格、特徴、人間同士
の関係、気持ちの移り変わりなどを明らかにします。
　地の文でも、人物にかかわって描写しているところは、その人の気持ちを含めてもいい
と思います。
　ジャンルでは　小説　エッセイ　童話　民話　物語　落語　詩　などを含めます。

C 物語を読む

（2）出だし

　はじまりは、さまざまです。作者がかなり心をくばっているところです。

　話す人は、すでにぜんたいを読み通していますから、イメージのおよぶ範囲、ひろがりをおおまかにつかめていることでしょう。さらには、その濃さ、深さといったものも感じていると思います。また、ひだの細かさ、大胆さ、飛躍の思いがけなさも受けとめていると思います。

　これらを心にとめたうえで、はじめから読み（語り）すすめます。

　ここからは、もの語りに入り込み、もの語りを創っていくつもりのほうがよいと思っています。（作品は書かれてありますが、その場の聴く人にとっては、語る人の発音によってはじめて知るのですから。これは、伝えるというのとは違う態度です。）

　もの語りは、語る人と聴いている人との相互作用でその「場」に生み出されるものでしょう。

出だしで大事なのは

① **人物**（話の中の人物たち）

　人物を登場させることです。文中初めて名が出るとき、はっきりと印象づけます。

　（人物は作者である場合もあります。また、人とは限らないでしょう）

② **とき・ところ**（舞台）

　イメージの広がりを用意する　（範囲　世界）

　　作品のおよんでいるおおよその範囲に想像を広げます。はじめぼんやりでも。

　　声の方向、伸びに気を配るようにします。

③ **語り手**（作品の中の）

　作品の中の語り手を見つけます。もの語りを語りすすめている人物です。

　　おもな人物の場合が多い。作者である場合もあります。

　　何人かのリレー式もあります。すべてを見通す天の目で、というのもアリです。

　まず、出だしの例をひとつあげてみます。

【朗読レッスン】モンゴル民話「スーホの白い馬」大塚勇三再話

●抜粋―出だしの部分

> 　中国の北のほう、モンゴルには、ひろい草原がひろがり、そこに住む人たちは、むかしから、ひつじや、牛や、馬などをかっていました。
> 　このモンゴルに、馬頭琴という、がっきがあります。がっきのいちばん上が、馬の頭のかたちをしているので、ばとうきんというのです。けれど、ど

71

うしてこういう、がっきができたのでしょう？
　それにはこんな話があるのです。

　むかし、モンゴルの草原に、スーホという、まずしいひつじかいの少年が
いました。
　スーホは、としとったおばあさんと、ふたりきりでくらしていました。
スーホは、おとなにまけないくらい、よくはたらきました。まい朝、早く起
きると、スーホは、おばあさんを助けて、ごはんのしたくをします。
　それから、二十頭あまりのひつじをおって、ひろいひろい草原に出ていき
ました。
　スーホは、とても歌がうまく、ほかのひつじかいたちにたのまれて、よ
く、歌をうたいました。スーホのうつくしいうた声は、草原をこえ、遠くま
でひびいていくのでした。
　ある日のことでした。日は、もう遠い山のむこうにしずみ、あたりは、ぐ
んぐん暗くなってくるのに、スーホが帰ってきません。
　おばあさんは、心配でたまらなくなりました。近くに住むひつじかいたち
も、どうしたのだろうと、さわぎはじめました。
　みんなが、心配でたまらなくなったころ、スーホが、なにか白いものをだ
きかかえて、走ってきました。
　みんなが、そばにかけよってみると、それは生まれたばかりの、小さな白
い馬でした。(後略)

> やがて成長した白い馬はオオカミと戦って勝つほど勇敢で、ナダンというモンゴルのお祭
> りで競争に勝ち一番になりますが、スーホが貧しいのを知って、王様は娘と結婚させると
> いう約束の褒美を与えず、白馬を取り上げてしまいます。白馬は乗ろうとした王様を振り
> 落して逃げ、射殺そうとするたくさんの矢を負ったままスーホのところに戻りますが死ん
> でしまいます。夢で、自分の骨や皮や筋で楽器をつくるよう白馬に告げられたスーホは、
> 造った楽器を持って歌をうたっていったというお話です。

●語りの例　「スーホの白い馬」／よむ人＝コトイさん

　これを語り始めた、コトイさんは、冒頭の３行ばかりの紹介の部分、気持ちがとても縮
こまっていたようでした。冒頭は紹介だけれど、お話しの全体の感じを決めるものですか
ら、そこからもうモンゴルの広々とした感じを出すようにした方がいいと励まします。
　コトイさんは、一人で読んでいた時は、広い天地のお話しという感じを持っていたので
すけれど、話す段になると思ったようにできなくてと、戸惑っています。

C 物語を読む

　少し細かくなりますが、以下、コトイさんが言ったことに、コーチがコメントし、さらに、コトイさんがあらためて言う、というかたちですすめられていった記録です。
　はじめの部分（パラグラフ）は、

　　　1　初めに、馬頭琴という楽器の説明
　　　2　次に、モンゴルの草原のようす
　　　3　スーホという少年とおばあさんの生活
　　　4　ある日暮れスーホの帰りが遅くなる事件

——と分けられますが、コトイさんの言い方にコーチからさまざまな指摘をされます。

[がっきがあります]　はなし出しで、楽器がどんなものかよくわからなくても、話す人は、「～ます」で、そこにある、とする。（言い方はきっぱりと、いい切る。そうすることで、話す人が、言うことで、バトウキンは、存在するという感じがでるのです。その場にイメージがつくれる第一歩です。）
[馬頭琴というのです]　は、もっとわくわくする感じでいってみる。全体の話しのはじめとして。
[がっきができたのでしょう？]　しっかり問いかけて。聞いている人の方からの、なんらかの返ってくる答えを受け止めてから、次を言って。（問いかけを怖がらないで）
　それに応えるつもりで、[それにはこんな話があるのです。]といいます。
[こんな話があるのです。]のあと、大きく「間」をとります。ここは期待を持ってもらう「間」でしょう。間延びしないで。

　ここで、紹介から、もの語りに入ります。この態度の変わりをはっきり示すようにします。

[むかし、モンゴルの草原に]　長い話しを推し進めるにふさわしい力を持って、（といって力みすぎないで）いい出します。
[モンゴルの草原に]　場所を、広々ととらえて。縮こまらない。オ段が多いけれど、口の中を広めに、たっぷりと発音して。
[スーホという]　全編の主人公がはじめて登場する。あなたが「スーホ」というと、そこに現れるとおもって。初めは、どんな子か、あまりはっきりしてなくてもいい。できたら、ちょっとした特徴を自分なりに思い描いておくといいかも。
[まずしいひつじかいの少年が]　スーホの説明、といった言い方では印象が弱くなる。スーホ＝まずしい少年、と強く印象付けられるように。[という]をあまりつよく言わないほうがいい。
[いました]と、きっぱり言い切ると、そこにいることになります。力が抜けたみたいに、語尾が弱くならないように。そうすると言い訳みたいになってしまう。いきいきとした印象になるほうがいいでしょう？
[ひつじや牛や馬などをかっていました]　草原の感じを捉まえるため、草原にひろがるよ

73

うに広く大きく声を出して、その声で、この文をいってみる。苦手なコトイさんは、何回か練習。

[スーホは] から、ずっとこの人物を追って行くことになります。

[としとったおばあさんと]　どんなおばあさん？　自分みたい？　いいですねえ。それでやってみて。

[まい朝]　草原の朝は、どんな朝？　つづけて機械的に言わないで。新しい朝が、一日一日現れる毎朝です。（少しうるさく言うようですが、最初が肝心、気をぬかないで。緊張感を保って読み進める。といってガチガチにならないように。）

[ごはんのしたくをします]　どんなごはん？　モンゴルのは？　知識はあってもいいけど、さしあたりは手助けして働いている様子が大事。

[二十頭あまりのひつじを]　どのくらいだろう？　目の配り方、声のとどかせ方で、イメージされるように言えるようになるかも。犬はいるのかな？　練習、何回か。

[ひろいひろい草原に出ていきました]　広がっていく声で、せせこましくなく。コトイさんは、すぐ引っ込んでしまうから。いつも、出すようにしてみて、そう、声も、自身の気持ちも。

[草原をこえ、遠くまでひびいていくのでした]　遠くへ広がっていく感じで、声をたっぷり出して。遠くにとどかせるようにいう。

　ここまで、コーチの励ましにこたえて、コトイさんは、かなりのびのびと声を出せるようになります。

　声が出るようになると、コトイさんが本来持っている、ことばの表現の力がどんどん発揮され、おどろくばかりです。

[ある日のことでした]　ここから場面が変わるから、気持ちも変えてから言い出す。声の調子も変わるでしょう。今は、たまたまその感じが出せたのだけれど。どんなふうに変えたらいいか、だんだん工夫。

[スーホは帰ってきません。]　暗くなってきた、誰が心配してるの？
　　「スーホは帰ってきません。」というときおばあさんの心配の仕方がそこに表される。この時心配しながら言う、のが大事。（心配した結果の報告ではなく）
　　言い方を工夫する。ウエットな言い方でもいい。うろうろしていう？　それもあり。おばあさんの表情を思い浮かべる。近くに住む羊飼いたちも、で、近所の様子があらわれる。羊飼いたちも、一人ひとり。近くといってもどのくらいか？　空間の中の位置関係がうかぶまで。（想像できると言葉がはっきりする）

[どうしたんだろう。]　どの程度？

[騒ぎ始めました。]　どんな騒ぎの仕方？　想像が及ぶ、「サ」の音をはっきり。「わわあ」とあいまいにただ、騒ぎ立てるようではなく。暗く重い。
　　「騒ぎ始めました」コーチがいって見せたのをコトイさんは、巧みに真似る。**まねることの注意。**そのままではなく、そういう方向性を示したものとして受け止めるよう

にと。

[スーホは走ってきました。]　だんだん見えてくるみたいなしゃべり方もできるかもしれない。一般的であってはぼやけてしまう。発音、態度、言い方など工夫してみて。
　　　あっ！と、スーホを見つけたときの感じをだすように。

[なにか白いもの]　「なにか」の大事さは、抱えて出てくる、の「かかえて」でもう表されている。あまりべたべたした感じで言わなくてもいい。

[走ってきました。]　ここの場所に。声が、遠くからここに止まる、ように。(声は、方向性のある動きを示せる。止まった所も。)

[何か白いものを抱きかかえて、走ってきました。]　そうやって、あなた自身が動いているままにいうと、言葉もはっきりする。

　　ここまでをまとめると、
　　　1　語る人は、気持ちを縮こまらせないで、意識を広く持つようにする
　　　2　そこにものがあるとする言い切りの強さがいる。
　　　　(ことばを言うとそこにそのイメージがおかれる)
　　　3　イメージを具体的に持つようにする。

　こうして、出だしのところを細かくやっただけでしたが、コトイさんは、どのようなことに気を配らなくてはならないか、つかんだようでした。次の回では、全編、終わりまで、読んでしまいます。
　場面の大きく変わるところで、いくつか、不十分を感じ、手こずったところをまた細かく練習して、納得のいくものにしました。
　のちに、カサイさんも、この作品を読みます。いくつか他のものを読み上げてこられた後だけに、あまり細かいことは言わないでも、大きな物語の流れを、創り出してみせました。

　ここで、「馬頭琴」の実物を見たり、実際の音楽を聞いたりすること、また、モンゴルの草原やそこに暮らす人々のことを知ることは、大切です。でも、それを語りに生かせるかどうかは別なことです。すくなくとも、何らかの自信のようなものは持てるでしょう。

（3）一人の視点を追って行く

　主人公自身が語っていく、もの語りがあります。
　また、語り手がいて、物語りを進めていく場合もあります。
　どちらも、一人のひと（主人公＝物語の中心となる人）の、見ていくもの、聞いていく

もの、その人の気持ち、気持ちの移り行き、出会った人との会話、周りの情景、出くわす出来事、そのときのその人の行動など、が語られていくのです（これが一番多いでしょう）。

また、複数の登場人物が、リレー式に受け継いでいくものもあります。例えば『スーホの白い馬』では、スーホ→王さま→白馬、というふうに視点が移っていきます。その場合でも、一つの場面では、やはり一人の視点です。

語り手が、主人公に寄り添うように、話していくものもあります。さらに、なりかわってしまっているようなものもあります。

＊

では、これを推し進めているものは何でしょう？

人物が**何かをやろうとする**ことで、もの語りは**始まり**ます。

やる過程は、いくつかに区分けることができます。**場面**（シーン）としてまとめられるものです。

やろうとすることが、やり遂げられる／失敗する／求めたものと違う結果になる／のいずれかになって**終わり**ます。

途中で、邪魔する人物が現れる／助ける人が現れる／事件・出来事が起こる／ことでも場面が生まれます。

●場面ごとの話し方を工夫する

場面は、**時間順序** あるいは、**因果関係** で配置されています。

回想・挿話（エピソード）となる場面もあります。つながりを意識させる、あるいは、間に入った話と思わせる言い方を工夫します。

いくつかの場面は、筋立てを構成します。筋立てはプロットともいいます。

一つの場面で人物が何人かいる場合、主な人物がいます。これが、もの語り全体の主な人物と違う場合もあります。

複数の場合、語りのウエイトの置き方によって、そのうちの一人を主な人物とすることができます。これらを見きわめ、力を与えることで、よむ人の力を発揮することができます。

場面には気持ちが主になるものと、アクションが主になるものとがあります。語る場合、それぞれ次の点に留意します。

・**気持ち**は、情況（情景や、いきさつのせめぎあい）の中での移り行きを表わすことが大事です。

・**アクション**は、人物がやる一つ一つのことで動詞に力を持たせると明確になります。

A 人物の気持ちを追う

ことばに気持ちを表せるようにします。あらたな結びつきを探ることにもなるでしょう。

次の作品例では、（移動の）動きにつれて、気持ちも変わっていきます。

C 物語を読む

【朗読レッスン】志賀直哉「菜の花と小娘」／よむ人＝ウタヤ

　人物の気持ちは、かなりなスピードで次々と移っていく場合もあります。

　事件が起きて、大きく変化する場合もあります。語る人が、その変化についていけないと、聞いていて物足りなく感じます。

　中はどんどん変わっているのに、語る人の気持ちがついていけず、コトバだけが、発せられてしまっている場合。けっこう分かってしまうもので、聞いている人は、おぎなって聞いているのです。

●全文を読む

　全文を読むと９分半ぐらいの作品です。

　聞いてすっとわかる方がいいのではないかと、いくつかの単語を代えて読みます。（あまり許されることではないでしょうが。〔小娘→むすめ、目籠→かご、黄蝶→黄色い蝶〕）

　まず、全部読むのを聞きます。チェックなしで。よみ終わってから、聞いていた人の感想を聞きます。

　　春の午後、枯枝を拾い集めていた小娘に、雑草の中にいた菜の花が、麓の仲間のところへ連れて行ってくれと頼みます。小娘は持って行ってやることにします。途中、小娘は、しおれた菜の花を小川で生き返らせようと流れにまかせ、流れていく菜の花を追いながら、言葉を交わします。水草に絡まれたり、黄色い蝶が来たり、蛙に驚いたりする菜の花を、小娘は元気づけながら仲間がいる場所に願い通り移し植えてあげます。

　或る晴れた静かな春の日の午後でした。一人の小娘が山で枯枝を拾っていました。

　やがて、夕日が新緑の薄い木の葉を透かして赤々と見られる頃になると、小娘は集めた小枝を小さい草原に持ち出して、其処で自分の背負って来た荒い目籠に詰め始めました。

　不図、小娘は誰かに自分が呼ばれたような気がしました。

「ええ?」小娘は思わずそう云って、起ってその辺りを見廻しましたが、そこには誰の姿も見えませんでした。

「わたしを呼ぶのは誰？」小娘はもう一度大きい声でこういってみましたが、矢張り答えるものはありませんでした。

　小娘は二三度そんな気がして、初めて気がつくと、それは雑草の中から只一ト本、僅に首を差し出して居る小さい菜の花でした。

　小娘は頭に被っていた手拭で、顔の汗を拭きながら、

77

「お前、こんな所で、よく淋しくないのね」といいました。

「淋しいわ」と菜の花は親しげに答えました。

「そんなら何故来たのさ」小娘は叱りでもするような調子で云いました。菜の花は、

「雲雀の胸毛に着いて来た種が此処で零れたのよ。困るわ」と悲しげに答えました。そして、

どうか私をお仲間の多い麓の村へ連れていって下さいと頼みました。

　小娘は可哀相に思いました。小娘は菜の花の願いを叶えてやろうと考えました。そして静かにそれを根から抜いてやりました。そしてそれを手に持って、山路を村のほうへと下って行きました。（略）

　然し小娘は図らず、いい考えが浮かびました。小娘は身軽く路端に蹲んで、黙って菜の花の根を流れに浸してやりました。

「まあ！」菜の花は生き返ったような元気な声を出して小娘を見上げました。すると、娘は宣告するように、

「この儘流れていくのよ」と云いました。

F（聞いていた人。以下同じ）：　初めの情景、野山のイメージや、流れに浸されて生き返る感じ、コトバが生き生きしているわ。

Y：あかるく、空間の感じがひろがって伸びていくよう。

I：話自体はむずかしくないけど、どう読むかというのが難しそう。女の子の、菜の花に話しかける感じが。

T：「或る」「日の午後でした」のあいだに、「晴れた／静かな／春の」と３つも形容が入っているし。「夕日が」「見られる頃」のあいだは、「新緑の薄い木の葉を／透かして／赤々と」でしょう？　いっていくうちにイメージできるものかしら。あたしがやるとして。

F：流れていくところ、つぎつぎと、情景が浮かんでくるの。菜の花についていってるような。

ウタヤ：娘の声と菜の花の声が自分の中で、まだ安定してなくて。娘の駆けていく息がうまくやれなかったんで。歩いたり走ったりの感じがまだまだ出せなくて。

コーチ：移動していく情景の表現をどうするか？　がここの課題。ウタヤさんの。それは、菜の花と小娘がことばを交わすようになる発端が決め手になりそうです。

　菜の花の声、娘の声、語りの声の違いを、分かりやすいように出すことです。この「声」を決めるのは全くの語る人の工夫に任されます。悩むところです。

　本文にはどんな気持ちで言うかは、書いてあります。でも声そのものの感じは、どうなるか？

C 物語を読む

┌──┐

■コラム■

〈菜の花〉の声なんて！　どうやってだすんだ？　そこは、「**魔法のもし**」で。

「**もしわたしが菜の花だったら**」どんな声で言うだろう――でやってみるのです。

└──┘

ウタヤさんは、なにかになって話すのはお得意です。

むすめと菜の花と語りの声のバランスが気になると、一歩先を考えています。

実際には、菜の花の声はかわいらしい感じのやや高い声で。透きとおった明るい感じで
やります。練習で回によっては少し苛だった感じの鋭く高い声になることもありました。
むすめの声はそれより低く、ちょっと背伸びしたお姉さんぽく落ち着いた感じで出そうと
しています。13、4歳というところでしょうか。語りはさらに低い声です。

●発端部分のチェック

声が大体決まったところで、発端部分、チェックしていきます。

〔以下、太字は言ったコトバ。細字はコーチのアドバイスです。〕

[**やがて夕陽が新緑の薄い木の葉を透かして赤々と照らすころになると**]

[ヤガテ・ユウヒガ・シンリョウクノウスイコノハヲスカシテ・アカアカトテラス・コロニナルト]

切り過ぎるから、ここは光がすうっと透っていくようにつなげて。透かして見えると
いう感じで、[テ]でふっつり切らないでつなげる感じ。

[**～答えるものはありませんでした**]　耳を澄まして聞く感じの後で、いう。

[**～見えませんでした。　～答えるものはありませんでした。**]　言ったあと、視覚から聴覚
へ、集中を切り替える。聞こうとする「間」ができるはずです。これが大事。

[**娘は二三度そんな気がして、はじめて気がつくと**]　ここにあったわという感じ。[ハジメ
テ]を、もったり言っていると重くなる。軽くいったほうがいい。

ここで娘には聞こえなかったでしょうが、<u>菜の花が呼び掛けていた声</u>があることが
想像できるといいけれど。

[ハジメテ]に驚きがないと。[ハジメテ]をもったり言うから、ずっとこれまでとい
うような言い方になってる ×。

[**～気がして**]　で、捜している間があって、あ、ここにあったわ、という気持ちが先で、こ
とばが出ていく。今のは、気持ちの用意のないまま、ことばがでてしまっている。

ここができて、ウタヤさんは、次の「雑草の中から～」あとを急に生き生きとした明瞭
な感じで語ります。コーチもびっくり。

コーチ：初めての出会い。作者は、工夫して、菜の花との出会いを３度目にしてようやく
出逢うようにしている。見つけたときの気持ちの揺らぎを、とり落とさないように。言
い方より、気持ちに変化が生まれることがだいじ。

79

[お前こんなところでよく寂しくないのね]（ずうっと高調子で一息で言ってしまう。言い方で決めようとしている）　つなげていってもいいけど、[オマエ]で切る。もうちょっと呼びかけるようにいう。呼びかけをはっきりして、[オマエ・]と切ると、気持ちがふっとせきとめられて、相手を思いやる感じがはっきりする。つづけてしまうと、なだらかで、ウタウ感じで聞き過ごされてしまう（聞いてる人は気持ちいいかもしれないけれど）。

[そんなら何故来たのさ]　高い調子を維持しよとして発音が分かりにくくなっている。「来た」に中心があるのだからはっきり言うように。

ウタヤ：（も一度言う。まだちょっと焦っちゃう。さらに一度）来たのさ＼（さげた調子でいう）。

コーチ：逆にあげたらいい。[キタノサ↗]と、いったらどう？
　「なぜ？　来たのか」が知りたい。「来たのか」を、「なぜ」にすぐつなげて言うから分かりにくい。

ウタヤ：[ナゼ　キタ　ノサ↗]

コーチ：菜の花を叱るところ、大きい声を出すのは別にかまわないんだけど、もう少し菜の花に集中した感じにしたほうがいい。小さい、か弱いものにいうように。なんか漠然と大きくワーッと言いすぎる。

ウタヤ：ああ、なるほど。

[雲雀の胸毛に着いて来た種が此処で零れたのよ]　菜の花の声を、高い音程で叫ぶように、それでもかなり柔らかく自然な感じで作られてくる。が、さらに。

コーチ：音が高くなったとき、子音をもう少しはっきりするようにしないとね。

ウタヤ：（いう。かなりはっきりする）

ウタヤ：（一音ずつ丁寧に発音するも、重くなる）

コーチ：もう少し軽くね。軽く発音した方が鋭くなるんでね。力入れちゃうとかえってもたっとするから。

ウタヤ：（かなりはっきりいう、でも胸毛の[ゲ]の音が消える）

コーチ：（言ってみせる）

ウタヤ：（高い音程のまま言う練習する）コボレタノヨ。（[コボレ]がなかなかはっきりしない）

コーチ：ボの音を口の外に出すように。
　（このあと続けて、「雲雀の〜」から、「困るわ」まで言う。明瞭になる。）

[どうか仲間の多い麓の村に連れてってくださいと、たのみました]　地の文だからと野太く、覚めた声で言うからひどく違和感がある。（聞いているみんな笑ってしまう）

コーチ：菜の花の言葉なのだから、多少は可愛くないと。
　英語だと間接話法になるところなんだけど、日本語にはそういう話法ないから。地の文と会話の中間をとる感じでいったらどうかな？　「たのみました」は地の文。でも、むす

80

めの気持ちを入れていったほうがいい。

［サイ］詰めて切っちゃうと、お願いにならない。

（ウタヤさんは、指摘を受けて、菜の花の言葉として括り、柔らかい声にして解決します）

［小娘は菜の花の願いを叶えてやろうと考えました。そして静かにそれを根から抜いてやりました。］

コーチ：この辺から娘からひどくおばさんみたいになっちゃうんだけど。（聞いてる人、笑う）声の調子でそうなっちゃうのかな。意図的にそう出そうとしてるのかな。

　コントロールして、自分が出したいのを、出してみて。

ウタヤ：（なにかいいたいが、もぐもぐ）

かなえてやろうと考えました［カナ／エテ］（2拍で言う）

コーチ：［カ／ナ／エ］3拍で。それに［テ］をつけるといい。

　前回のコメントによって、工夫してきている。聞きやすい。注意深く話している。

　むすめ、すこし突っ放したような態度がいい。

このあと、移動していく動きがはじまります。なかなかすぐに応じられないものです。

「恐いわ、恐いわ」と流れの水にさらわれながら、見る見る小娘から遠くなるのを恐ろしそうに叫びました。が、小娘は黙って両手を後ろに回し、背で跳る目籠をおさえながら駆けてきます。

　菜の花は安心しました。そして、さも嬉しそうに水面から小娘を見上げて、なにかと話しかけるのでした。

　何処からともなく気軽な黄蝶が飛んで来ました。そして、うるさく菜の花の上をついて飛んで来ました。菜の花はそれも大変嬉しがりました。然し黄蝶は性急で、移り気でしたから、何時か又何処かへ飛んで行って了いました。

　菜の花は、小娘の鼻の頭にポツポツと玉のような汗が浮び出して居るのに気がつきました。

「今度はあなたが苦しいわ」と菜の花は心配そうに云いました。が、小娘は却って不愛想に、

「心配しなくてもいいのよ」と答えました。

　菜の花は、叱られたのかと思って、黙って了いました。（略）

ウタヤさんは、移動していく感じを出すのにかなり手こずります。駆けながらや、駆け

た後、息をはずませて話すのが、まだうまく言葉となりません。

コーチ：「背で踊る籠を抑えながら」のところ　切り方がおかしい。背で、ではっきり切っ
　　　て。背で踊る籠をと、つづけていうのはよくない。手が踊ってるみたいにきこえる（発
　　　音も悪いのでセガテに聞こえるからなおのこと）。

ウタヤ：はぁ。

コーチ：「目籠をおさえながら駆けてきます」駆けてくる感じ。息を弾ませるまでしなく
　　　てもいいが、近寄ってきている感じを。
　　　ハッハッと息を出してまずリズムを作る。それから、出した息の分だけしゃべる、のだ
　　　けど。

ウタヤ：（練習をしてみる。うまくいかない）

コーチ：できなければこだわらないで。
　　　ただ「黙って両手を後ろに回し」が、止まっているようになりやすい。できれば、駆け
　　　ながらの感じで。
　　　「そして、さも嬉しそうに水面から小娘を見上げて」菜の花の心の内（安心）から、見上
　　　げ、話しかけるという動作に移っている、表現がよい。この切り替え、きちんとやって
　　　いるから。

コーチ：だいぶ進行していく感じはある、会話やなんかは進行してるけど、地の文章が終
　　　りすぎる感じ。だからどんどん流れに従って変わっていく感じが、でないんでしょう。

ウタヤ：あ、そうですか。

コーチ：これだと、静止した風景、一幅の絵みたいな印象のままですね。

ウタヤ：今日は読み方を変えてみたんですけど。

コーチ：全体は、はっきりしてとてもいい、会話は特に。地の文の時がちょっとね。終わ
　　　りすぎないよう、こまかくやってみましょう。やってみて、どこでも。

ウタヤ：「どこからともなく気軽な黄いろい蝶が飛んで来ました」

コーチ：「飛んで来ました→」とまだ、いる感じにしないと。文尾を落としすぎると、もう
　　　行ってしまったようになるから。

ウタヤ：〈同じ文。軽い感じでよむ〉

コーチ：最後の［タ］のところね。

ウタヤ：「黄色い蝶は移り気でしたから」

コーチ：「移り気でしたから」で、もう飛び去ろうという感じにしないと。「でしたから＼」
　　　と収めちゃわない。

ウタヤ：「飛んで行って了いました＼」

コーチ：そこも、上へ行ってしまうように。音程が下がっても気持ちがあれば、いいけれ
　　　ど。むしろ、音程上げるぐらいにしたらいいとおもう。

ウタヤ：〈試みていう〉「飛んで行って了いました↗」

コーチ：そうそんな感じ。先へ行って。

ウタヤ：「菜の花は、娘の鼻の頭にポツポツと玉のような汗が浮び出して居るのに気がつき

ました。」

コーチ：そこも、菜の花は、流れながら、むすめを見ているように、そんな気持ちで。

コーチ：「～気がつきました＼」（びしっという）。こういうときまりすぎちゃうでしょ。

Ｙ：「～気がつきました／」いいにくいわ。（このあたり、聞いている人、小声で言ってみている）

コーチ：［キガツキ］を息を小さく前に出すようにしていうといい。（マイクの場合、あまり外に強く息が出ると良くないが。）

ウタヤ：「今度はあなたが苦しいわ。～心配そうに云いました。」

コーチ：ここも、流れている感じで。

ウタヤ：「～心配しなくてもいいのよ」

コーチ：ここも娘は駆けながら言ってる。

ウタヤ：〈同文、試みていう。だいぶ思うとおりに言えるようになる。聞いてる人も認める〉

コーチ：全体が移動しているという気持ちで言うと、動きが出て来ます。

ウタヤ：あ、そうですか。（そうかなあと思いつつも気を取り直して、やってみるかと思い）はい。今日は地の文は落として低くやったんです。この前は動くようにとやったら、ウタウようだったんで。

コーチ：よい面もあるけど、止まっちゃったんで。〔聞いてる人、笑い〕

ウタヤ：あ、はあ。

Ｙ：落ちついててよかったとおもったんだけど。

コーチ：会話のところなんか、よく関係が深まって、聞こえてきたのが、とてもいい。

Ｙ：いいね。これね。

Ｉ：あたしもやってみたい。

（菜の花は、水草に絡まれて動けなくなり、小娘も石に腰掛け休んで、少し意地悪く放って置く。ここの会話の間は移動はない。）

　が、その内水の勢いで菜の花は自然に水草から、すり抜けて行きました。そして不意に、

　「流れるう！」と大きな声をして菜の花は又流されて行きました。小娘も急いで立ち上がると、それを追って駆け出しました。

　少し来た所で、

　「やっぱりあなたが苦しいわ」と菜の花はコワゴワ云いました。

　「何でもないのよ」と小娘も優しく答えて、そうして、菜の花に気を揉ませまいと、わざと菜の花より二三間先を駆けて行く事にしました。

コーチ：先に気をつけたいところをコメントしておくと、

［「やっぱりあなたが苦しいわ」と菜の花はコワゴワ云いました］　流れながら言ってます。
［「何でもないのよ」と小娘も優しく答えて、そうして、］　娘も付いて走りながらです。「そうして」がうまくアクセルの感じになるといいのですが。テンポを早めて言ってもいいし、逆に少しゆっくり言ってもいいです、スローモーションの感じでいうこともできます。自分でどの表現をしてるか意識しているように。
［わざと菜の花より二三間先を駆けて行く事にしました］　そうしてどうする？

　ぜんたいに、間の取り方、間のつめ方など、動きをあらわすのに大切ですが、ウタヤさんは、それらをとりあげるまでにいたっていません。コーチは先走らないようにします。

> 　麓の村が見えて来ました。小娘は、
> 「もう直ぐよ」と声を掛けました。
> 「そう」と、後で菜の花が答えました。
> 　暫く話は絶えました。只流れの音に混って、バタバタ、バタバタ、小娘の草履で走る、「跫音が聴えて居ました。（略）

コーチ：ここでは、声の方向が大事。位置も。「もう直ぐよ」後の方にむかって言う。
　「そう」　前の方に言う。地の文の「と、後で菜の花が答えました」も同じ感じで言った方がいい。さらに、動いている感じを保って「〜コタエマシタ。→」と。
ウタヤ：「しばらく話は絶えました↘」
コーチ：［マシタ］、というところ、（音程が下がりすぎて）終わりすぎちゃうから。［〜タ↗］とちょっと浮かせた感じで言うと、いい。
ウタヤ：ああ。

　（このあと流れに飛び込んできた蛙に驚いた菜の花を、むすめは胸に抱いて行きます）
　以下、原文最後のところです。

> 　間もなく村へ着きました。
> 　小娘は、早速自分の家の菜畑に一緒にそれを植えてやりました。
> 　其処は山の雑草の中とは異って土がよく肥えて居ました。菜の花は、どんどん延びました。
> 　そうして、今は多勢の仲間と仕合せに暮す身となりました。（了）

［どんどん伸びました］　別な時間に入った感じを出して。

　ウタヤさんは、むすめ、菜の花それぞれの気持ちの移り行きを的確に表していたので、取

84

り立てて多く述べていません。でも、気持ちを表すのが苦手な方は、移っていく順序をメモしたりして、意識化しておくと、話すとき助けになります。

《チャレンジ》藤沢周平「寒いあかり」

移りゆく情景描写とともに、人物の気持ちの変化を表わしている場合です。
読んでみてください。

酌婦をやっていたおせんが、包丁鍛冶の清太と一緒になるが、姑にいびられて元の古巣へ舞い戻っている。清太が、風邪を引いて弱った姑が戻ってきてくれと言っているという。客の喜三郎に心惹かれていたおせんは、その正体を知って、小さな明りのある家で暮らしていこうと思う。働いているところと、清太の家への間の、行き来の町並みの情景が鮮やか。

おせんは黒江町の角を曲がって馬場通りに出た。富岡八幡宮の前に広がる門前町の間を、西から東へ通り抜ける馬場通りは、夏でも冬でも人通りの絶えない道だった。

寒い冬の夜も日が落ちたからといって人の足が途絶えることがないのは、町の中から周辺まで点在する岡場所が目当てに人が集まって来るからである。

おせんは、夜も灯のいろと通行人が絶えないその通りが好きだった。

一の鳥居を過ぎたあたりから足は緩めてゆっくりと歩いた。

B 人物のアクションを追う

ことばとアクションを結びつけます。
ことばにアクションの力を感じさせるものにしていきます。
人物のアクションを追うと、追体験することになります。
イメージはアクションの対象になります。

【朗読レッスン】幸田文「なた」／よむ人＝フナミ

前にもありますが、人物に即した例として。
行動のことばは、そのアクションをする時の力がこめられると、ことばも力をもちやすいようです。

●作品の抜粋

（略）こつんとやると刃物は木に食い込む、食込んだまま二度も三度もこつ

こつとやって割る。「薪を割ることも知らないしょうの無い子だ、意気地の無いざまをするな」と云って教えてくれた。おまえはもっと力が出せる筈だ、働くときに力の出し惜しみをするのはしみったれで、醜_{しゅう}で、満身の力を籠_こめてする活動には美があるといった。「薪割りをしていても女は美でなくてはいけない、目に爽_{さわ}やかでなくてはいけない」（略）

　枕にそえて割る木を立て、直角に対いあって割り膝にしゃがむ。覘_{ねら}いをさだめてふりあげて切るのは違う。はじめからふりあげといて覘_{むか}って、えいと切りおろすのだ。一気に二つにしなくてはいけない。（略）

　割り渋ると、構_{かまえ}が足りないという。玄人_{くろうと}以外の鉈は大概刃のない鈍器なのだから一気に使うものだそうで、「二度こつんとやる気じゃだめだ、からだごとかかれ、横隔膜をさげてやれ。手のさきは柔らかく楽にしとけ。腰はくだけるな。木の目、節のありどころをよく見ろ。」（略）

　ウッとふりおろすとダッと二ッに割れる。私には大体、刃物をふりあげるそのことがすでに、こわくていやな心持だったし、瞬間に物がその形を失うことにも心がひっかかった。（略）

　畢竟_{ひっきょう}、父の教えたものは技_{わざ}ではなくて、これ渾身_{こんしん}ということであった。

（略）

　フナミさんの、最初の時の読みにコメントして、それによって、かなり練習してからの印象を記してみます。

［こつんこつんとやると刃物は木に食い込む、食込んだまま二度も三度もこつこつとやって割る。］まで、アクション。カ行の音を聞かせるように。

［〜力を出せるはずだ。〜美があるといった。］　文尾のダ、タが、間延びして緊張感がでない。

　練習の後、あまり力まないでさらっとだが、食い込むという感じが、音によく出るようになる。

　どちらかというと後の父の言葉がしっかり言えている方が、印象が深く残ります。

つぎのところは、説明口調で述べられていて、動きが感じられない。

　切り方が、調子で言ってしまっています。

　句読点のほかに、読みの止め、がいくつかあります。

［枕にそえて・割る木を立て、直角に対_{むか}いあって・割り膝にしゃがむ。覘_{ねら}いをさだめて・ふりあげて・切るのは・違う。はじめからふりあげといて・覘って、えいと、切りおろすのだ。］　（・が保息「、」のところも同じく）

［枕にそえて〜］　以下、手順をしっかり、いっていく

［直角に〜］　丁寧に言っていく。

［えいと切りおろすのだ。］　一気に言ってしまう。

［一気に二つにしなくてはいけない。］　ここは一息にいった方がいいでしょう。

　練習後は、動きにつれて言葉があり、句読点以外にも切れ目が確実にはいり、間合いも良いので、アクションが感じられます。

［二度こつんとやる気じゃ<u>だめだ</u>、からだごと<u>かかれ</u>、横隔膜をさげて<u>やれ</u>。手のさきは柔らかく楽に<u>しとけ</u>。腰は<u>くだけるな</u>。木の目、節のありどころを<u>よく見ろ</u>。］
　　　この部分、どのようにするかの部分と終わりの命令口調とを一つづきで言ってしまい、グチっぽく聞こえる言い方になっています。
　　　父のコトバの、命令口調。いいっぱなしというのとは違う、教え込むように。
　　　語句の終わりに強調を置くように言います（下線の部分）。
　　　練習して、畳み込んいくおもしろさをつかんだようです。かなり迫力あるものになります。また、ゆっくりと押さえた調子で言うと、ゆるがせにしない厳しさが出てきます。

　次の部分は、娘(成熟前の少女)が父に対する嫌悪の感情をもてあましながら、薪割に立ち向かっていく所です。

　　　ウッとふりおろすとダッと二ッに割れる。私には大体、刃物をふりあげるそのことがすでに、こわくていやな心持だったし、瞬間に物がその形を失うことにも心がひっかかった。(略)
　　　畢 竟、父の教えたものは技_{わざ}ではなくて、これ渾身_{こんしん}ということであった。(略)

［ウッと〜］は、動きの力が感じられる

［私には大体〜］では、私の気持ちというところへ、移らないまま、ただ説明していっている。

［ウッと〜］　はっきり。ウもこもらせない、外へいったん出しかけて、つめる。

［ダッと〜］　ダ音、もっと強く。音を強くする。

［瞬間に物がその形を失う〜］　つらいという気持ちを入れるように、できたら。
　この文節の前は、父の外見の様子の描写で、父に対する「私」の嫌悪の感情が表されています。フナミさんは、その描写の続きで少しなめらかに言いすすんでしまいます。もう少し感情を入れてもいいでしょう。

［私には大体〜］から、娘の気持ちを含めて、大きく全体をつかむように言い方を、変えています。
　　　わるくはないが、ひとつ前の、「ウッと〜」から、父のアクションとしてもう一つ強く出した方がいいでしょう。
　　　大分力がこもってくる。力を入れるので疲れるでしょう、最初は気張って読んで、だん

だん力をぬくところを覚えていきます。

　この文章の大きな眼目は、父と幼い娘の緊迫した対峙と、からだでしっかり受け止める経過です。アクションのしっかりした表現なしには成り立たないのです。フナミさんは、読み進めるうちにかなり核心に肉迫していきます。

　後日、アサカさんもこの作品を取り上げます。フナミさんの、娘の父に負けまいとする勁い感じに対し、よりしなやかさを出しています。さらに後年、ミヤマさんもやります。だいぶ荒っぽくぐいぐい話していく語り口で一生懸命さが出ていました。エッセイ全体には、この薪割りの体験の話の後に、ここでは省いた、大太鼓の響きと共に受けた幼時の石に対する恐怖に打ち勝った体験のエピソードがあって、ほかの人が読むとき、どうしても別物になっていました。それがミヤマさんの一途な読みでは、うまくつながって、「これ渾身」の教えが納得いくものとなりました。

　これらのことは、語る人によって違いが出せるということです。また語る人が作品にかかわっていけるところがあるのを示しているのだと思います。

《チャレンジ》宮部みゆき「紙吹雪」

　読んでみてください。

　　3年間奉公して女中のぎんは、金貸しの主人夫婦を殺す。殺してからその家の屋根に上り、借用書を細かく刻んだ紙吹雪を撒きつづける。

　ぎんは、私物といったら鋏一丁だけしか持たずに井筒屋に奉公にあがった。だから、出てゆくときもそうするつもりだった。

　主人夫婦の部屋を出ると、彼女はまず厠へ行った。気分は悪くなかったが、少しのあいだ、足が震えて仕方がなかった。

　厠を出ると、手水鉢の水を使って、ぎんは念入りに手を洗った。顔も洗った。手水鉢の水は澄んでおり、ぎんはその中に腕を肘までひたし、目を閉じた。師走の水は、指先の感覚がなくなるほどに冷たかったが、あえてそうしていることで、手や指がすっかり清めらるような気がした。手がきれいになると、着物の裾をからげて、裸足のまま中庭の地べたに降り、それから手で手水鉢の水をかいだし、足にかけてこちらも清めた。

　井戸端に行くと、だれかと顔を合わせてしまうかもしれない。それはしたくなかったので、ついでにここで、鋏も清めてしまうことにした。水をかけると鋏の刃が光り、金気臭い味が口のなかに広がるような気がした。

　鋏を洗い終えるころには、中庭の地べたには水がいっぱいこぼれ、白い足が泥まみれになっていた。最後の仕上げに手水鉢を倒し、両脚に水をざぶん

C 物語を読む

とかけると白い指が真っ赤になり、霜焼ができた小指が急にむず痒くなって
きた。愉快なほどの痒さで、ぎんはくつくつ笑った。

　笑いながら、頭の上に吊り下げてある手ぬぐいをとって、それで手足をき
れいにぬぐい、鋏の水滴を拭いて、それを手にまた廊下へ上がった。次は足
早に歩いて勝手口に止まる。内側から心張棒をかう。ばたつかっせても戸は
開かない。よしこれでいい。

　井筒屋のたった一人の女中としての三年の月日を、ぎんは、主人夫婦にあ
てがわれた北側の納戸部屋で過ごしてきた。それなりに愛着がわいた部屋に
ぎんはゆっくりと上がっていった。梯子段はいつも五段目のところで軋み、
ぎんが一人しかいない部屋に大きな音を響かせた。(略)

（4）別な人物が現れる

　関係は？　関係に応じた言葉は作品に示されていますから、態度をつくっていきます。
関係には、次のようなものがあります。
　① **おのずから決まってしまうもの**
　　　・相手　身内　他人　身分上下　先後　利害　年齢大小　性別
　② **意思・意欲が働くもの**
　　　・助ける　力をかす　共にやる　邪魔する　競う　対立する　敵対する
　　　援助を求める

《チャレンジ》宮本研「花いちもんめ」
　声線（目線でなく）の上下を意識して読んでみてください。
　目線の上下はよく言われますが、声にも似たような感じを持つ場合があります。

●作品の抜粋

　　満州の開拓民、敗戦で追われて、下の子の病気のために上の女の子を売らなければならな
　　い母のことば。

お金が要るんです。あの子をあずかって下さい。下の子が病気なんです。も
う駄目かも知れないのですが、出来るだけのことはしてやりたいと思って。
──いいえ、ちがいます。売るのではありません。あずかってほしいんで

す、この家の子供として。気の強い子です。でも、聞きわけもよく、それに、よくはたらきます。でも、一つだけお願いがあります。李さん、きょうから先、あの子をどんな子に育てようとそれはあなたの自由ですが、でも、どんなことがあっても決してあの子をよそに売ったりしないと約束してください。それが条件です。約束してもらえますか。——李さんはだまってうなずき、床下の甕の中からお金を出すと、これだけしかないがと差し出しました。八十円です。私は李さんにもう一度、どんなことがあってもあの子を人手に渡したりなどしないようにと頼みました。李さんは、そんなことはしないと約束してくれました。

李さんに頼めましたか？

■コラム■
　ここを読んだスズキさんは、李さんに対しての頼みが、どうしても、頼めてない感じです。どうして？
　いろいろ探った結果、李さんに対しての、声が、上からの感じになっている、と思われます。スズキさんは、べつに偏見など持っていないと言います。あるいはこれまで、だれに対しても「声線」が上からであったのかもしれません。
　これは、態度を変えて、声にあらわれてくるまで、練習しました。

ほかの人物たちが結びあうと、状況になります。
語りには、状況に対抗するエネルギーを示していくことが大切になります。

（5）ことが起きる（事件・出来事）

出来事がいくつか起きると、順序付けます。時間で／因果で。
ヤマ場（クライマックス）となる場面も生まれます。
事件の前後で、人物の関係が変わり、気持ちも変わります。
――きっちり変えられるようにすることが大切です。
ここでは、おおくは、作品、語る人に任せています。

【朗読レッスン】三浦哲郎「ふなうた」／よむ人＝ミヤマ
　作品の言葉に導かれて、行動を追って行くことで、経験したことのない戦場の一場面を、ミヤマさんは、かなりくっきりと表わしていきます。
　コーチの求めたのは、イメージの広がり、集団の動きを示す集中感、語気を強くして迫力をつくること、でしょうか。
　ミヤマさんは、練習によって、高声にならず、感情を抑えて場面を作っていきます。

●作品の抜粋

　　　市兵衛は、傘寿の祝いにサロンで親族に囲まれ、余興などはじまり、孫娘のピアノ曲の題名「ふなうた」に、まったく知らないメロディに戸惑い、不意に若い時の戦場の場面の回想に沈み、いつしか忘れられないメロディを口ずさんでいるが……

（略）あの夜、というのは、忘れもしない、昭和二十年八月十五日の夜のことである。
　そのころ、市兵衛は、軍に召集されて満州（今の中国東北部）にいた。初め、十八年の十一月に黒竜江省の訥河駐屯独立守備隊に配属されたが、翌年の六月に、単身、ソ満国境の阿爾山に赴任した。幹部候補生あがりの陸軍中尉で、中隊長であった。
　二十年八月九日の未明、ソ連空軍が不意打ちに阿爾山を爆撃した。それ以来、市兵衛の中隊は、撤退する部隊の後衛としてソ連軍の追撃をかわしながら、大興安嶺の山中を転戦しながら彷徨うことになる。
　この間、どの部隊も壊滅的な打撃を受けて兵隊もちりぢりになり、十三日の夜、五叉溝というところにあった師団本部に辿り着いたのは、大隊長以下四十八人にすぎなかった。（略）

山の上から見下ろすと、撤退する友軍を追って南下していくソ連軍の機甲部隊が川のように眺められる。まことにおびただしい物量の行進であった。兵士も道を埋めて長蛇の列をなしていた。生き残った大隊長以下四十八人は、このソ連軍の密集地帯をなんとか脱出して、南下を急ぐほかに助かる道はないのである。（略）もしも彼らの行軍が夜通しつづくとすれば、脱出の道は鎖されてしまうことになる。

　絶望的な気持ちと闘いながら見守っていると、奇蹟が起こった。午前零時になると、途端に行軍がぴたりと停止したのである。兵士たちは戦車を中に円陣を組んで、野営の準備をはじめるらしい。それを確認してから、またそっと山の斜面を登って陣地へ戻った。（略）

　翌日は、八月十五日であった。終戦の日だが、そんなことは誰も知らなかった。さいわい、星明りもない暗夜になった。昨夜のようにして山をくだり、土手道の斜面には貼りついて息を殺していると、噎せるような草の匂いの中をソ連軍が通る。

　それが遠くから聞こえてきたとき、市兵衛は、狼の声かと思った。狼の遠吠えは何度も聞いたが、そいつに似ているような気がしたのである。ところが、それは土手道をソ連軍の兵士と一緒に近づいてくる。やがて、狼ではなく人の声だと分かった。歌声であった。

　おそらく、のど自慢のうら若い兵士だろう。張りも艶もたっぷりとして、伸びやかな、まことに美しい声であった。歌は、のどかな感じがするほど、おおらかな節回しで、市兵衛には、エイコーラ、という言葉しかわからなかった。

　（エイコーラ、エイコーラ、ラン、ラン、ララララン、エイコーラ）とつづき、エイコーラが何度も繰り返される。

　姿は見えなくて、天に谺を呼ぶような朗々とした声だけが、エイコーラととおっていく。市兵衛は、ここが戦場であることも、恐怖も忘れて聞き惚れていた。なんという美しい声だろうと思った。あんな美声の持ち主がこの世にいるとは思わなかった。（後略）

C 物語を読む

●語りの例

前後のお祝い会のサロンの場面は、イメージしやすく、声もゆったり出せるようになったミヤマさんには力まないで、語れます。

戦場の回想場面になると、それまでのサロンでの話しぶりのままでは、違和感を感じさせてしまいます。まったく想像だけにたよらなくてはならないのですが。それでもなんとか表していこうとします。

以下、コーチのコメントと、それによるミヤマさんのよみの様子のレポートです。

[あの夜] ひっこまない。話しかけて。一人に。大きな場面の時は特に。声は落ち着いて良くなります。

（ミヤマさんは話しかけにいろいろ課題があったので、ここでもそれをクリヤしながら進めることになります）

自分ではまだよく分からない、よい声が出せてるかどうか。

楽な声で遠くを意識して言う（圏を広げる）

コントロールの練習、柔らかい声での。遠くに届かせる、意識を広げる、一人に話しかけるなど、なんども練習して、声が安定してきます。

[というのは忘れもしない　昭和二十年八月十五日の　夜のことである]

声がしっかり出るようになる。キンキン声でない、落ち着いたふくらみのある声が。表現がぐっと迫ってくるようになります。

またコントロールできるようになり、緊張をほぐしながら話せます。

最初の頃のキンキンと頭に響く声で、人の頭の上を通り越していくような話し方から比べれば、想像できないくらいの変わりようです。

以上を踏まえて。

いつも話しかける、をするように。大事件だからといって人を飛び越してしまわないように。

語尾が未だ引っ込んで気弱な感じになる。当人はかなり勝気な人？。

気張らない。

大きい場面というので飛んじゃうから、一人の人に話しかけて、それが確実になってから、ほかの人にひろげるといい。

速さ。自分が読みながらわかる速度で。何度も言うようだけれど。

[訥河駐屯独立守備隊]

（ノンジャン）

一人にまず話しかける。意識は広く持ちながら。地名は、音だけでわからなくてもいい、ゆっくりと発音する。

以上のコーチをしていくと、読みがしっかりしていき、驚きました。

■なお、練習が必要だったところ；

全体に戦場の場面では、声の出し方が柔らかすぎる。

[壊滅的]　[カイメツテキ]　メが飛んでしまう。よわく引っ込んでいるから。なんか陽気すぎる。

93

[友軍を追って] 「追って」の [オ] が、飛んでしまう。まえのwoに影響され、～wotte
　　× になってしまっている。正しくは、～ wo otte 〇 と言う。

[川のように] 　カ　前に出すように言う。[カワ]

[まことにおびただしい] 　息長く言い過ぎ。
　　このへん句点が少ないから息継ぎのところを自分で決めておくといい。

[ソ連軍の 機甲部隊] 　[ソレングンノ] 　レ　を突かない（突いたように強く言わない）。こ
　　の音だけ大きく強く言ったようになると、[レグンノ] になってしまう。
　　レで調子をとっている。太鼓叩いてるよう ×。

[兵士も道を埋めて 長蛇の列をなしていた] 　遠くへ声を出して。
　　　[チョウダノノレツヲ　ナシテイタ] これは、遠くにあるもの、みえるもの、です。

[生き残った] 　この前までは、ソ連軍のこと。ここから、近くにいる友軍。すぐ近くを見
　　るように。
　　遠近、二つを、対比させて言うように。
　　生き残ってよかったなあ、という感じでいかなくては。
　　いまのは、雰囲気でふわーっと全体を通して読んでしまっています。一つのトーンで、
　　いえば淡々としてるというので、いいような気になっている。それは違うんじゃない？
　　生き生きとした感じが出るようにしたほうがいい。もっとその瞬間々々の感情を鮮明
　　に出していったら。
　　　[イキノコッタ] 　キの音が出ていない。

[大隊長以下] 　柔らかすぎ×。切り口上のように、きっぱりと言う〇。
　　大隊長がいて、そのほかにもというように。
　　なにがなにして、どうなるか。あなた（ミヤマさん）の中がそうなっていない。
　　それ（四十八人の行動）を追っているように、中身を整えていきたい。
　　　（だれが?）（どこをぬけていく?）

[なんとか 脱出して] 　ナントカで、ちょっと困難さを思わせる口調で、気持ちを入れる。
　　淡々と読むのだけれど、少しだけその気持ちを入れたほうがアクセントになる。

[ソ連軍の 密集地帯を] 　集団の行動を述べていくには力が弱い。語気を緩めないで言い切
　　る。

[四十八人は] 　このワが、まとまりを作ります。ワで、まとめる。ちょっと強めに、言う。
　　　（ここでまた助詞の力を実感して）

[南下を 急ぐほか 助かる道は ないのである] 　ナイノデアルで、力が抜けてしまう。緊張
　　感を保って。

　このように、広い山野の中、50人弱の敗軍の逃避行、移動・待機そのものがアクション
です。ことばで示し、描いていくのです。生命あることを実感させてくれる歌声がクライ
マックスです。
　この戦場の場面がつくれたことで、ミヤマさんは、作品全体を印象深く語っていけます。

C 物語を読む

（6）関係は？　関係に応じた言葉　態度をつくっていく

A 人物の気持ちを追う

イメージは（刺激　揺り動かす　包まれる　ひたる）　影響するものとなる

【朗読レッスン】江國香織「冬の日、防衛庁にて」

●**作品は**　恋人の奥さんに呼ばれた私　初対面。緊張して、指定された場所に行く。
　未だ会ってない前日、電話で、遠慮のない気の強い妹に、心得をふき込まれる。
　奥さんに会い、人柄に魅せられたものか、いつの間にか自分のことをすっかり話してしまっている。話している間に、微妙に揺れ動いていく「私」の気持ち。関係は固定しているものではなく、変わっていくのを鮮やかに、作者は表現しています。

●**「冬の日、防衛庁にて」を読む／よむ人＝フミノ**
　フミノさんは、「恋人の奥さんに会う、私」に興味を持って、よんでみたいとおもいます。
（一人で読むだけにしておけばいいものを、みなのまえで、よんでみようとは？）
　このような繊細な感情は、ゆっくり思いめぐらして自分の中にたたえておく、つまり準備しておけば、ことばと結びついて流れ出ていく。というやや楽観的な仮説でとりくみます。

　引用が長くなるので分けて記載します。（で、はじめ、全部を読み通しておかれるのもいいかと）

　　ビルのすきま、細い路地の一本一本にも冬の光がたっぷりとみち、寒いけれど美しい午後、私は教えられたとおりの道を歩いた。日曜日、真昼の防衛庁界隈（かいわい）はしんとしている。青磁の大皿が飾られた、骨董品屋のウインドウのガラスで、自分がどんな風に見えるかたしかめる。髪の感じや口紅の濃さ、ジャケットとスカートのバランスなんかを。実際、きょうの格好を決めるのに、私は細心の注意を払った。恋人と会う時よりずっと慎重に、ずっと狡猾（こうかつ）に。白シャツブラウスに紺のミニスカート、一目で男物と判る大きさの濃紺ラムウールのブレザー。シンプルな銀のブレスレットに上質の皮靴。勿論（もちろん）、自慢の脚をできるだけ効果的に見せるためのコーディネートだ。
　　大丈夫。きりっとしてるし、赤い口紅もいやらしくないわ。

95

私は心の中で言い、背すじを伸ばしてまた歩き始める。
「修羅場になっちゃうかもよ」
　夕べ、電話口で妹は言い、でも逃げたくないわと私は言った。それに清水
さんの奥さんってどういう人なのか、すごく興味あるじゃない。
「そうねえ」（略）

抜粋1　冒頭部

〈防衛庁は当時東京六本木にあった。今は移転して、ない。現在の東京ミッドタウン〉

M（聞き手・ミヤマ）：静かなひと気の少ない日曜の街中を一人、女の人が歩いて行く情景が
　　　とてもよく出ていたわ。
T（聞き手・タケワ）：こういうところ、あたりの雰囲気っていうの、どうしたら出るのかな？
コーチ：張りつめた口調がそう感じさせるのだと思うけど。
M：自分の姿をショーウインドーウに映してから、前の日の電話のやり取りに移るところ、
　　　場面の転換がとてもあざやか。間合いがいいというのかしら。
T：自分の姿を映すところなんかさらっと行き過ぎて、後の方で分かる感じだった。
コーチ：青磁の大皿→ウインドウのガラス→自分の姿を……の移りが、よくないとね。
フミノ：青磁の……という前、タメの間（ま）を作る、と言われたのがよくわからなかったけど、
　　　何となく、分かった気がして。ひろい情景から、ガラスに映った自分に気づく感覚な
　　　んですね。
T：あまり丁寧だと、もたもたしてる感じになってしまうわ。
M：「～あるきはじめる。」から、つぎの場面転換。「修羅場になっちゃうかもよ」と前日の
　　　電話で話している場面への移りがとても良い。

　　ついていってあげる、という妹の申し出を断ると、彼女はうんざりするほ
どたくさんの注意事項を並べたてた。いわく、「まず余裕を見せること、清
水さんにぞっこんだなんて悟られないようにね。彼があんまり積極的でびっ
くりしている、くらい言ってもいいと思うわよ」いわく、「イタリア料理？
メニューの選び方で値踏みされるかもしれないわね。間違ってもティラミス
なんてダメよ。ミラノ風カツレツもパス。もう少しすっきりして知的なもの
にしなさいね。知性は大事よ。相手は専業主婦でしょう？　こっちは仕事の
できる、キレ者のキャリアガールだって肝（きも）に銘じさせなくちゃ」（略）

抜粋2

フミノ：はじめは、妹の思い描いている常識的な奥様（夫を取られた）のイメージと、実

際に会ったその人の印象のギャップが面白かったんですけど。それをどう出そうかというと、むずかしいなと思っちゃって。

コーチ：それがとっかかりでしょうね

T：その前に、妹と、「私」の違いがはっきりしなかった。妹ものんびりした感じの人に聞こえて。

M：フミノさんは、どちらかというと「わたし」に近いタイプなんでしょう？妹はもっとパキパキしてる感じ。

コーチ：言い方に工夫がいりますね。文尾をきっぱり切って。強くいう。だらーっとのばさないとかする。性格づくりですね。

フミノ：苦手なんです。

M：フミノさんって、人の真似けっこう上手なんですよ。

「およびたてしてごめんなさい」

その人は立ちあがり、美しく微笑んでそういった。可憐な白いツーピース、肩のあたりでゆるく波うつやわらかそうな髪、ほっそりした指先、ピンクのマニキュア、指輪のない薬指。その人のなにもかもが、想像とあまりに違いすぎていた。

「飲み物はワインでいいかしら」

ええ、といって椅子にすわり、私はあらためて目の前の美しい人を見つめた。清水さんの話では、奥さんは今年四十になるはずだ。

「はじめまして」（略）

抜粋３

M：その人の姿を言うときは、なんか思わず知らず素敵だなあって、気持ちで言ってるように聞こえたけれど。

フミノ：その通りです。（笑い）

T：「〜見つめた」、あたりは少しそっけなかったわね。美しいと認めたくなかったんじゃない。

フミノ：それって、あるかも。

コーチ：だからかな、「はじめまして」よわいようです。きちっと向きあってないまま言っているようで。

フミノ：あ、もう少し押していってもいいかな。

〈この後、原文では；料理を注文する、私は予め決めておいた知的な選択で。だが奥さんはミラノ風カツレツも注文に入れてしまう、があります。〉

料理が運ばれてくるまでに、衿子さん（というのがその人の名前だった）は最近観た映画の話と飼い猫の話（それは雑種のブチ猫で、もう十四年も生きているそうだ）、それに子供の頃好きだった叔父さんの話をしてくれた。修羅場の気配も泣きおとしの気配もまるでない。当然訊かれるものと思っていたいくつもの質問——清水さんとどこで出会い、どんなふうに恋に落ちたか、どのくらい頻繁に会っているのか、これからどうするつもりなのか——に触れる様子も全くなかった。私は困惑し、適当に相槌を打ってはいたが、本心では早くこの場を去りたくて仕方なかった。キレ者のキャリアガールがきいてあきれる。

抜粋４

〈この後、原文では：料理がきて、食べながらたわいのないことを話し、区切りをつけて衿子さんは、私に話をするように促し、聞き上手な相手にのせられるまま、憧れていた男の子のことまで話してしまう。〉

フミノ：身構えていた「私」が見事にはぐらかされてしまう。相手ははぐらかすなどという気持ちさえなく、その人ありのままの振舞だと納得させられてしまう。そういうのが、おもしろくて。うまく出せたかどうかは別として。

Ｍ：いたたまれない感じ、わかった。

Ｔ：衿子さんのこと語っているところで、「私」の感情を出していいのですか？嫉妬とか、焦りとか、負けまいとするような気持があるわけでしょう？

フミノ：書かれてある言葉のままの感じ、たわいのないとか、無邪気に、とか、を出そうとして、そのほかのことはなにも。出す余裕はなかったです。

コーチ：そうでしょうね。そのほかは、出せなくて、たまっちゃって、最後に泣くほかなくなるんでしょう？

Ｔ：ああ、そうですね。

「ああ、おいしかった。よかったわ、あなたにお目にかかれて。清水があなたに惹かれるのもよくわかる。」
衿子さんは何の毒も棘もない声で言う。何の毒も棘もない、でも有無を言わせない強さのある声で。
　私はたちまち涙が溢れた。どうしてかはわからない。でも私はこの人の敵でさえない。
　衿子さんは気がつかないふりで続けた。

> 「今日私たちが会ったこと、清水には内緒にしましょうね。動揺させちゃ可
> 哀相（わいそう）だもの」
>
> 　私はもう抑制がきかなくて、声をだしてしゃくりあげる。私を泣かせるな
> んて、この人には朝飯前だったのだ。修羅場の方がずっとまし。泣き落とし
> の方がずっとまし。
>
> 「それじゃあここで。お元気でね」
>
> 　衿子さんは花びらみたいに微笑んで、完璧（かんぺき）な後ろ姿で遠ざかっていった。〈了〉
>
> 抜粋5　最終部

フミノ：〜遠ざかっていった　夕、とそっけなく切らないで、〜いった…と押して言った
　　　　んですけど。

M：見送る感じで。

フミノ：それより、立ち去り方を印象付けようとしたのかな。

コーチ：それはいいんだけど、最初会った時からと、見送るときの「私」とが、変わって
　　　　ます？

T：おんなじ感じだったわね。

コーチ：清水さんをはさんでの、やり取りだという意識が薄いせいかも。

M：女のたたかい？

フミノ：ここ最後のところ、どうしても泣けないんですよね。それと関係あるかもしれな
　　　　いけれど。

コーチ：話す人の立場が、「私」ではなく、衿子さんに移ってしまうからだと思うな。途中
　　　　で移り変わってしまっている。勝ち組にってね。

T：そうかあ。そうかもね。

コーチ：「わたし」を完全に追い詰めなくてもいい、役者が役をやるのと違うから。もの語
　　　　りは、ある距離があっていい。このごろ、そう思うようになってきたんです。

フミノ：なんかまだまだ面白くて、もう少しやってみます。

（最終の発表では、舞台に椅子一つ置いて、動きを入れて語りました。）

　アサカさんも後日、このもの語りを語ります。

　自分と妹と性格が同じ感じだから変えるようにとの、コーチの指摘があってから、アサ
カさんが自分で稽古。そのまま発表したものについての、コーチの感想です。

　妹を少し子供っぽく、衿子さんをおっとりとした感じに。でも、すこしカリカチュライ
ズした感じになってしまっています。それによって自分を追い詰めずに済ましている感じ、
救っています。どうも、みなさん、負けるのを認めるのは嫌なようです。

　これから清水さんとのラブアフェアを続けられるだろうか？ この「私」は。──と、そ
んな問いかけをしてみたいところ。

（7）しめ　結末　　しめ　もの語りを、語る人から切り離す

収束部　宙ぶらりんになってるものを終わらせる／そのままにする
　　　　（とくべつに）テンポリズムを定めて
　　　　たどってきたものの意味の確認　やってきたものの

もの語りを、語る人が持っていかないように。

《チャレンジ》最後の部分を読む
　ここまでの引用作品で最後の部分があるもの
　「蜘蛛の糸」「菜の花と小娘」「冬の日・防衛庁にて」

終わり方いろいろ：唐突に　さりげなく　大仰に　芝居がかって
　　　　　　　　　　ひきずって　投げかけて
　　――どれがふさわしいか？　やってみて。
　　　（はなしのお終いについては、P.105 にも少しふれています。）

D

話す人

∞

話すもの(作品)

∞

聞く人

三者が作り出す もうひとつの作品

I 聞き手がいるから

　練習をしていると、どうも上滑りしているような感じがする場合があります。原因はいろいろあるでしょう。たいてい、どのように語るかに夢中になっていて、聞く人がいることを忘れてしまう場合です。そんなときには初心に帰って、聞いている人に、まず声がとどいているかどうか？から、はじめてみます。

(1) 一人一人に聞いてもらう

　まず、だれか決めて、その人一人だけに話します。十分聞いてくれている手ごたえがあったら、べつの人に向かい、その人一人だけに話します。
　いま話した、二人一緒にむかって話します。声がとどいて聞いてくれていることがわかれば次に。

(2) みんなに聞いてもらう

　その場にいるみんなに聞いてもらいます。声のとどきが分からないばあいは、後ろを向

いてもらうとかして。
　一度に全体でやるのが難しい時はいくつかのグループに分けて、１グループずつ。

(3) エネルギーが要ります

　一人の時より少しエネルギーを出さなくてはならない。ほんの少しだけ。
　声を張り上げたり、頭を越してしまうような声での話し方になるようならやり直して。

●あがってしまってなにがなんだか
　あがってしまって何が何だか分からなくなったら、まず、深呼吸。少しくらいのあがり
は、よい興奮だと思って。
　だれか一人の人、好意的な人は必ずいますから、先ずその人から広げるというのをやっ
てみます。

●全然平気？　遮断してしまっては、話しは日干し
　わたしは全然平気だという人がいます。言葉通りの人もいるけど、じつは、聞く人を
シャットアウトしている人もいます。それで、自分は動かされないで平気だと思っている
ばあいです。聴く人は、お話しを眺めている感じになります。よくできてるなと感心する
けれどそれだけで終わってしまう。
　なにかのきっかけで、聞いている人に気づいてすっかり動揺してしまうといったことも
あります。

●語りは一方的と思っていませんか
　語るのは（語っているところを見ると）、一見、語る人が一人で話していると思われます。
でも、聴いている人は無言で聴いていますが、黙っていても応答しているので、それを聴
けるようになりたいものです。
　語るのは、聞く人と語る人との「対話」です。

Ⅱ 話し手のほうで

(1) はなし出し

　聴く人の注目をまず集めることが大事です。何を話すのだろうという期待を集めておいて、ひと呼吸おいてはなし出すのです。
　注目を集めるのが苦手で、恐がったりする人がいます。そういう人は、聞く人のスキを見て、突然話し出したりします。聞く用意もない時にいきなり始められては、聞く人は戸惑ってしまいます。

(2) はなし出す時自分の気持ちを高めておいて

　あまり興奮するのもどうかと思いますが、気持ちを高めておくことです。
　ダルな、鈍い感覚では、もの語りの言葉の速度から置いてけぼりをくらいます。
　出だしから生きいきした状態で話せるようにしたいものです。

（3）おはなしの山がいるの？

　話しのヤマ場は、作者があますところなく書いています。余分な興奮は、聞く人の妨げになるだけでしょう。先回りした盛り上げも不要でしょう。先ずは正確に話すことです。

（4）はなしのお終い

　やり方いくつかあります。
　　　　a. 盛り上げのあるお終い
　　　　b. さりげない
　　　　c. 唐突な
　　　　d. きっちりとした　　など、あります。

【例】芥川龍之介「蜘蛛の糸」の最後

> 極楽ももう昼に近くなったのでございましょう。

a. 盛り上げのあるお終い
テンポゆっくり。

　　<u>ゴクラクモ モウ</u>。<u>ヒルニナッタ ノ デゴザイマショー</u>
　　　つよく あかるく　　　マおいて重々しく　　たっぷりとおわりまで呼びかけるように

b. さりげない
　かるく。テンポややはやめ。さいごに息を吐いていって。

c. 唐突な
　まだ次に何ごとか起こるように。
　一息でたっぷり。おわりでプッと息をきってしまう。

d. きっちりとした
　文節をひとつひとつていねいに発音。文節ごとに保息の間をとってもいい。

　あらかじめ、これと決めたものを練習しておくといいと思います。でも話の持っていき方や、その場の雰囲気で変えることもあっていいでしょう。

Ⅲ 語り手の息と文の息

　語る人が息の続く限り調子よく話していく人がいます。ゆっくりとではあるけれど、どうも何を言ってるのだか、とりとめがないように聞こえてしまいます。

　あるいは、いってることは確かにわかるのだが、聞いているものは、ただ追っかけているだけになっています。

　こういう人はなかなか手こずります。まずは、文の組み立てをはっきりさせるようにしましょう。それから先は、個々に取り組まなければならないと思います。

(1)話す人のイメージが止まっていませんか?
(お話しのイメージは活発なのに)

　お話しのことばで表されている事柄やものはどんどん変わって行っているのに、話す人のイメージが止まっていると、少しの間はおかしいと感じないけれど、聴いている人は気付くものです。ちゃんと発音されていれば、聞く人はおぎなって、想像していきますからそれでもいいようなものですが、味気ないものでしょう。

106

（2）話す人の気持ちは動いていますか？
（書かれてあることに気持ちがついていってない）

　これは、気持ちの移り変わりのほうです。イメージではなく（ひろくはイメージも含めてもいいのですがここでは分けてみます）。

　お話しは発音されてすすんでいるけれど、話している人の気持ちや、感情が、移って行ってない場合です。こちらの方が、聞いている人にはすぐわかってしまいます。

　どちらも、物語の進行に応じた、変化を用意できるように練習しておき、その場では、活発な状態を保てるようにしておければと思います。また、リラックスが大きな助けになります。

E

突然ですが声にトラブル
それでもやりたい

――声ができれば　半分できた――

　　声が小さかったり途中でつらくなったりして、はじめのしようと思った気
持をそがれてしまい、あきらめる人もいます。
　　ここでは、その人に合うとおもわれる方法をくりかえし試みます。本人の
努力もあって、いつの間にかこのハードルを乗り越えてしまう人がいます。
　　いろんな人がいます。

I 声つくり
たっぷり声が出せるまで

（1）声が、か細くしか出ない

　オキノさん、キハラさんは、声がか細くしか出ないことで悩んでいます。

　声の大きさは、出す息の量によって決まります。一気にたくさん出せれば大きく強い声が出るはずです。

　身体が緊張してのどの周囲も固まっていて、胸もカチカチ、胸郭ががちっとしたまま、このような状態が、声の小さい（か細い）人に見られます。

■解決法■身体、まず、躯幹をゆるめるようにします。ゆるやかに、背骨をさまざまに曲げたりしながら、楽に息をして、からだ全体をゆるめていくようにします。

　くびを回しながら、はじめ、息だけ、ついで、ハミング、声が無理なく出るかなと思ったら出してみる。

　前に述べた、誘い出し法、ショック法など、からだの状態を見ながら、やってみるといいようです。時間はかかります、あきらめないで。

　AⅡ（4）「息いっぱいに声を出す」【12ページ参照】の方法をすべて試みます。

　息がたくさん出るようになったら、まず、ハミングしてみます。できるだけ長く、途中であきらめないで、その息一杯、なくなるまでやります。

　つぎに、声を出してみる、など、くり返し試みます。

（2）尻切れではどうも

　クリノさんは、文の終わりがいつも、かすれて聞こえなくなります。息が最後でなくなるといいますが、そんなはずはないのです。
■解決法■終わりまで、声にする練習をしてみます。（一音ずつ増やす訓練などがいいでしょう）【15ページ「はなのくも」参照】

（3）息ばかりでも

　オリイさんはかすれ声で話します。それが自分の話し方と思い込んでいます。
　かなり聞きづらく、聞いている人は長くは集中できません。
　声は声帯の震えです。なぜか、それをときどき止め、息をたくさん交えて、話す人がいます。子音だけが聞こえる感じです。
■解決法■まず、アーと息一杯、終わりまで同じ強さ、同じ太さで出せるようにします。
　次いで短いコトバの母音だけを拾ってつなげて言ってみる。「おわりまで」なら、「オアイアエ」と母音をつづけていう。しっかり言えたら、それに子音を付ける、という練習法です。

（4）甲高い声はいただけない　　長い間聞いていられない

　ミヤマさんは最初、とても甲高い声でした。緊張していたこともあります、いつもその調子でないと話せないと思い込んでいるところもあります。
■解決法■体操などで、からだの緊張をよくほぐします。首を回しながら、声を出したり、話したりしてみます。話すコトバをいつもより低い音程でいえるようにします。

（5）作り声とは思ってなくても

　自分ではそう思ってなくて、作り声のような声で通す人がいます。極端に、高い声であったり、かわいらしく見せるような声だったり。普段とよそ行きとに分けている人に多いようです。
■解決法■普段話しているままで通せばいいと安心してもらいます。

Ⅱ どこで止めていいかわからない
（ブレーキ利かず）

（1） 息一杯に続けられてはたまらない

なんか呪文を聞いているような感じになってしまいます。

（2） どこで区切る　切ったつもり、口をすこし開いたままでいませんか?

「区切って」と指摘すると、「切っています」といいます。よく見ていると、声を出さなくても、口が開いたままで、気持ちが切れていないから、続いてしまっているのです。
　まずこのチェックをしてみます。

（3） 句・文節を意識して　文の組み立てをはっきりさせます

さらに、文の組み立てをしっかり言ってもらうようにします。だれが、いつ、どこで、何

を、どうして、どうやってしたか？と、組み立てていくようにしてもらいます。

（4）イメージ一応作っているけど

いつも、「イメージしてます」と言い張る人がいます。確かにそうでしょう。相手に語っていくばあいは、それでは不充分なようです。

自分の頭の中だけに終わっていませんか？

頭の中のイメージを、この場の空間に浮かべていくようなつもりで広げてほしいと求めます。

また、<u>イメージしながらコトバを言っていくことです。</u>この指摘だけですっかり変わって語ってくれる人もいます。

イメージした（あと）コトバをいうと、それは、単に報告したり、感想を述べる言い方になってしまうのです。

（5）時間列を空間構成にすることも

話すというのは、時間列にコトバが次々繰り出されてくるものですが、それを、空間的にイメージで配置するようにといってみます。これが、なかなかうまくいかない人もいます。

できるだけ空間にイメージしてもらいます。次々と話していく（時間系列のままに）ものですけれど、言いながら空間に配置できるものは、それぞれのイメージした位置に置くように。現在のこの場を使いながら。イメージですから、どんな広がりも持てるわけです。

Ⅲ　うたうという現象
聞き苦しい？　本人はきもちいい？

　うたうとは、フレーズごとのコトバに同じメロディがついてしまう場合です。

　それまでとてもしっかりしたテンポリズムで話されてるところへ、鼻歌のような調子が入るので、急にはぐらかされてしまうので、邪魔と感じるのです。

　自分じゃわからない。むしろ「いい気持」「自分では調子よくいってる」という場合が多いようです。これは、その時その場で指摘して、直していくより、今のところいい方法がないようです。

　一時期、よくうたうといわれていたシバさんに聞いてみました。

　「話してて感情があふれてくるようなときですかね。それに注意が散漫になって、集中できないような時かしら。短く分けて録音して、チェックしたりして出ないようにしてますけど。」

　もう一人、今でも時たま出てしまうハタさんに。

　「やってるとき？　もの語りに呑まれちゃってるときかしら。もの語りに入りこんでるとき？　何回か練習して言い慣れてくると出るらしいのね。出ないようには、単語によく気をつけるようにしてるかな。気を配っているとまあまあ大丈夫みたい。」

　二人とも自分では気づかない、言われてはじめてわかる、と言っています。

Ⅳ　この一音が苦手

　読んでいるうちに苦手な発音が分かってきます。なるべく、素早く言ってやりすごしてしまおうとしますが、聞いている人に耳ざとく、指摘されてしまったりします。

　初めのうちは、ご愛嬌で済まされたり、その人の特徴だからと大目に見られ、自分でもそれでもいいかと思ってしまいます。

　あまり神経質にならないで、一応のその発音のポイントだけ、よくつかんでおきます。

　そのうち、何とかきっちりできるようになりたいと思うようになる時があります。

　どうしてもその発音をきちんと出さないと、その作品の、表現の障害になる場合、取り組んで、ものにしようというわけです。

　音がはっきりしてないとき、考え、言いたいことなどがはっきりしてない場合が多いです。音がはっきりすると(特に一つの場面をあらわしているパラグラフの文の最後の音)、場面がくっきり浮かぶようになる場合もあります。一つの音でも、いつもひっかかるのは、なにか原因があります。

(1)　苦手な一音

　いくつか、よくあるケースを挙げてみます。

●ロ

シバノさんははじめ読んだものの題名からして、苦手にぶつかります。

「風のローラースケート」のローラです。舌が柔らかく、〔r〕音の巻き舌も、〔l〕音もうまくいかなくて、しばらく格闘しては、休み、また挑戦するというやり方で、何とかものにしました。〔l〕音で。

その後選んだ作品の題名「セロ弾きのゴーシュ」「どんぐりのこころ」。

みな「ロ」があって苦労しながらいつの間にか乗り越えてやっています。

●キ

フミノさんも。題名の中にある一音です。口の中にこもってしまい音として聞こえてきません。音を口の外に出すと、理屈でわかってもやってみると……。

新美南吉の「去年の木」「木のまつり」。「木」ですから、気が抜けません。

レッスンでも時間をかけ、行き帰りの道大きな声で。1ヵ月くらいそればかり練習しモノにします。おかげでなにかやっていくことに自信がついたようです。

●ニ・シ・ウ

アサカさんは、何年もやってきているのですが、「よだかの星」でどうも見過ごせなくなりました。ほかの発音は、気持ちよくクリアしますが、この3音が気になります。以下のように取り組みます。(いつものように、まず原因→対処法→繰り返し練習→定着——自信もてるまで)【14ページ「鉛筆噛んで」参照】

〔ジツニミニクイ〕　ウ段では唇を突き出しすぎる。〔ニ〕で、のど奥が閉ざされてしまう。奥歯を噛み締めて言ってるよう。

あごの力を抜いて。イ段、軽くいうように。

早くたくさん言ってみたり、軽くいえるようにやってみます。言い出し、緊張するから注意して。

〔シ〕舌のわきからもらすような感じがある。前のほうに、息を出せるように。舌のさきを下の歯茎に付けて言っている。放しても言えるものです。

息を出しておいてから、〔イ〕と声出す。文章に出てくる全部の「シ」に○つけて、直す。それになれて、習慣になるまで。やってみましょう。

●ウ

〔デス〕〔ス〕唇をあまり突き出さない。軽く。あいまいでいい。気になるようになりだしているから。しっかり直してしまいましょう。

この発音と読みの1例を、少し詳しくあげておきます。

E 突然ですが声にトラブル それでもやりたい

【朗読レッスン】有島武郎「一房の葡萄」／よむ人＝トヨセさん

> 絵を描くことの好きな少年だった「僕」は港をみて登下校している。「透きとおるような海の藍色」「白い帆前船の水際近くに塗ってある洋紅色」が、自分が持っている絵具では出せない。羨ましく思っていてついに盗んでしまう。

> ジムというその子の持ってゐる絵具は舶来の上等のもので、軽い木の箱の中に、十二種の絵の具が、小さな墨のやうに四角な形にかためられて、二列にならんでゐました。どの色も美しかったが、とりわけて藍と洋紅とは喫驚するほど美しいものでした。ジムは僕より身長が高いくせに、絵はずっと下手でした。それでもその絵具をぬると、下手な絵さえなんだか見ちがへるやうに美しくなるのです。
>
> （原文旧仮名遣い）

●トヨセさんの話す時の特徴（表現しようとする邪魔になっていると思われる点）

・息で話す部分が多い。
・感情が豊かで、感情が先行して息になってしまう。息の部分が多くなってしまう。
・主にイ段の音で、詰めてしまう。
・文尾の音が十分に発音されない。呑んでしまう。
・一音分だけ十分に音が出ないうちに、のどで切ってしまう。
　母音をつなげて言う、という基礎は、すでに行っているのだけれど。
　癖になっているのは一つ一つ、性質を見極めて変えていかなくてはならない。

●取り除くのにやった方法

　首をカクンと後ろに倒して天井を見ながら話すということを何回かやってみます。
　首、声帯、舌などの発声器官の力が抜けて、発音が伸び伸びとします。
　不十分に傾けただけでは、力が入っていて、話しにくい。カクンと仰向けになること。そういう姿勢では声が出ないと思っている人もいるでしょう。無理なく、声が出て話ができるところを探しながらやってみます。

●助詞に力を

　日本語の助詞は、あまり軽く発音されては、文の骨格が弱く感じます。
　助詞は単なるツケタリではない。「指示」性の強いもので、名詞を際立たせ、語気の強さで、格を強調するもののようです。
　かってあった演説調、「──ハ〜、──ヲ〜」というような極端では困りますが、文の中でのその名詞の位置をはっきりさせるものとして、力をもたせます。

［そのこのもっているえのぐは、はくらいのじょうとうなもので、（その子の持ってゐる絵具

117

は舶来の上等のもので、)］　気持ちの動きはよく出ています。

［かるい／きのはこのなかで（軽い木の箱の中で）］　発音が苦しそうに聞こえます。イ音が
　２つ続くことで、引き起こされているようです。

　　［かるい／］でわずか止めてほしい。のどで止めないで、お腹で止める感じで。

［じゅうにしゅの／えのぐが（十二種の絵の具が）］　［う／に／し］、このつながりの中に詰め
　込んだ感じになる。［ウイイ］の母音で口の中の広がりが少ない。

　　感情を出そうとしすぎてるよう。音の感じ、子音を強めるやり方で表そうとしています。
　息をつめて、細く出して苦しく感じさせてしまってます。自分も苦しいでしょう。

　　感情は母音の中に。声の中に感情を入れるように。感情はいっぱいあるから。子音や、言
　い方では間に合わないといえます。

［にれつにならんでいました（二列に並んでいました）］　［つ／に］、というところで語気が弱
　くなる。やはり、［ウ］、［イ］の母音の連らなりだからでしょう。ひびきも無くなってます。

［とりわけて　あいとようこうが（藍と洋紅が）］

　　［アイ］　イを呑まないように。二拍であること。一拍で言おうとするから呑む感じにな
　るのでしょう。イを長めに発音して癖をつけるようにするといいかも。

　　［ようこう］が、洋紅とは、発音だけではわからないでしょう。でも、ゆっくりめに言う
　とか、工夫を少し。

［びっくりするほどうつくしいものでした（喫驚するほど美しいものでした。)］　［びっくり］
　にこえをたっぷり出したあと、すぐ［するほど］で息が多くこえになってないので印象
　が弱くなっています。発音が不確かだと、次の［うつくしい］が引き立たない。

　　ここでも、日本語は、頭を軽く言って、後をしっかり言ったほうが収まります。英語と
　違います。(指摘するとトヨセさんは、よくなります。)

［じむはぼくよりせがたかいくせに（ジムは僕より背が高いくせに）］　［イ］、［ニ］で詰めて
　しまう。イ音が十分発音されてない。

［えはずっとへたでした。（絵はずっと下手でした。)］　［ト］、［タ］が十分でない。たっぷり
　と太く出す。のどで止めてしまってます。お腹で止めるように。

［ぼくはいつでも／うらやましいとおもっていました（僕はいつでも羨ましいと思っていまし
た)］　古風な言い回しですが、気持ちの動きを出せるように。最後の［た］で色がつく。
　　いまの、捨てて言ってるようでは、ぼやけてしまいます。

Q──こうしたやり方はその人独特の特徴をつぶしてしまうことにはなりませんか？
　　ハスキーな、ちょっと上ずって、せかせかした感じの、ほほえましい個性を。

C──確かに、この練習によって、それまでとらわれていた癖から自由になり、表現の幅が
　　広げられたとおもわれます。これがこの人にどんな影響を及ぼすか、しばらく見ない
　　と分かりません。でも、それまで個性と思われていたものは、いつでも示せる魅力の
　　一つとなって、あり続けるでしょう。それより新たに実感した言葉の力から、どんな
　　表現を生み出すか楽しみです。(こうして、一回り大きくなった表現が、その人の個性と
　　認められるかもしれません)

V 方言・訛りを直したい
魅力たっぷり　そのままで十分大丈夫
分かりにくいのだけ変えてみる

　方言や訛りを直したい。共通語にしたいという方がいます。物語りを読んでもらうと情感があってとてもいいのです。（なぜか、この悩みは、無アクセントといわれる地方の出身の方が多いようです）

> 【無アクセント】南奥羽から北関東、福井、静岡、愛媛、九州中部、五島列島、八丈島などの地域。アクセントの違いで区別することがなく、どのようにでも変えて発音できてしまう。その人個人の言い癖が訛りのようになってしまうことがある。

　別にそのままでもいいですよといっても、子どもに聞かせたりすると、お母さま方からクレームがでるとのことです。

　音感がよくその場では、すぐよく真似て発音される方も多いです。でも、それまで培ってこられたそのコトバの持つ感情と結びつくまでにはいかなくて、味もそっけもない話し方になってしまいます。

　せっかく素晴らしく物語る能力を持っていられるのに、もったいないことです。

　ここでは、アクセントについては、かなり自由です。聞いていて、誤解を生むような言葉、単語だけ、アクセントを替える程度にしています。

　生来のことばと、共通語と、二つもゆたかな表現ができると思ってもらいたいのです。

　長く別の土地に暮らしていると、まじりあって、もうどっちつかずだと嘆く方がいます。それは言葉が持っている、致し方のない変化です。

おおまかにあげておきます。

・母音からチェックする必要のある人がいます。東北地方など。
・関西地方のひとは、高低の置き方を逆にすればいい場合が多く、変えやすいようです。
　　ただ、母音の無声化*を知らなくて、そこでうまくいかない場合が多いのです。
・ほかの方言は特徴だと思われているところに注意すればいいと言えます。
　　変更したものを定着させるには、長い努力がいります。

　　なお、日本語は**高低アクセント**と一概に言っていますが、感情と結びつくとき、感情の入れ方に**強弱アクセント**のような力が働いてとまどう場合があります。

> 【無声化】無声子音に挟まれた、母音のイ、ウは無声化する。きた k i t a　すし s u sh i　ちち chi chi　ふき f u k i など。口構えを、イ（ウ）にしておいて、声（音）出さない。息だけになる。息を心もち強く出したほうがいい。

F

もっと的確に、生き生きと

I こんなことも気に留めておいて

(1) 一音一拍、過去のもの？
（わかりにくい　聞き取りにくいは致命的　聞き手はそこに立ち止まる　保留する）

　日本語は、一音一拍がふつうで、聞きやすい。

　近頃、二音一拍でしゃべろうとする人がいます。クセになって語りの中にも持ち込む人がいます。速いテンポの歌をうたうばあい、わざと特徴をだそうとするばあいなどにも聞かれます。

　何だろうと思い聴く人はそこで立ち止まって、取り残されてしまいがちです。

　これは、どちらか一方の母音で間に合わせたり、母音を極端に縮めていることが多いので、イメージや、感情に、ふくらみをもたせるのにひどく不自由です。

　コトバを味わう、つまりは、発音を味わうことです。一つの音を、いろいろな感じ（やわらかく・するどく・……）に発音できるように、遊んでみるのもいいでしょう。

　発音の仕方も時代と共に少しずつ変わります。聞く耳を敏感にしておいて、変化を聞き分けることが大事です。取り入れるかどうかは別として。

(2) 日本語はお終いが大事

　言いおわり、とくに、「～です。」「～ます。」よく言われる、否定か肯定か、言い終るまで分からないからばかりではありません。
　しっかり言い終えないと、それまで言ったことが宙ぶらりんになったままです。きちっということで、コトバに表したことがそこにあることになる、のです。
文のおわりがぼやけていると事柄が進行している感じがなくなります。
（文のはじめを強く言い出して、文尾のほうが弱くなるよみがあります。英文読みの影響でしょうか。逆に、文のアタマは軽く出だして、文のおわりの方をしっかり念を押すようにすると締まります。）

(3) 文体〔文章のクセ・特徴〕どこまで生かせる？

　いわゆる、文体があると言われている文章があります。文章の特徴のあるものです。
　書いたものは、どのようにも読めます。一般的なやり方として、慣習になっている、ある形はあります。話しかけるという基本にはずれなければ、どのように話してもいいと言えます。
　もちろん文体をどこまでも生かすように読むやり方もあります。

(4) 文章の新しい表現に
語り手が初めて出会った時、どうしよう？

　会話の部分があればそこから入る、とスンナリいけるというばあいがあります。
　新しさをよく検討して、はじめに持った違和感を大事にしながら、ゆっくり自分のものにしていくことです。
　早くから自分の持ち合わせの言い方で、いいこなそうとしない方がいいと思います。

(5)付けたりと思う最後の部分を取り込む(ムダはない)

　文章で、終わりの方に、付けたりとしか思えない文があることがあります。読むときも

123

そんな感じで読んでしまいがちです。ひっかかるものとして、気にかけたままにしておきます。

　しばらくたったあるとき、必要なものなんだと得心する場合があります。

（6）　話す台本を作る （作者に謝って 「抄」と表記）

　書かれたものはたいてい長くて、一回で読み切る分量としては多い場合があります。話す台本として、やむを得ず、適切に縮めなくてはならない場合があります。

　そのような読む台本は、「抄」とおことわりしておきましょう。(本当は作者の了解を取らなければならないのですが、小さな発表会ではあまりできにくいことでしょう。)

（7）　文章(作品・話し)を借りて自分を表現

　何回か言っている通り、ここでは、絵画や、音楽と同じように、書かれた作品を借りて(通して)、自分を表現するようにしています。演奏家のたとえがいいでしょう。

　仮構がクッションになります。

　作者をないがしろにするわけではありません。

　自分をあまりに押し出すと我が強いと言って嫌われます。

　身近に感じられるところは、かえってさらっとやり過ごすように読んでしまいがちです。そこで少しゆっくりめに言って、自分の体験も思いながら読んでいくのです。

（8）　なげき節はいただけない

　このお話は悲しい物語りなのだから、と哀れっぽい雰囲気で話し出しそれに引き込もうとする人がいます。話の中の人物にすっかり同情してしまっているのです。よっぽど力のある人ならできるかもしれませんが、たいていは辟易して、ちょっと止めてよ、となってしまいます。話している本人はすっかり陶酔してどうにもお手上げと、いうことになります。指摘されて変えようとしても、なかなかできないものです。

　突き放すようにすればいいのです。一歩進めて、まったくダメなやつなんだと否定してしまうのです（世間の立場になるわけです）。

　いやそうじゃないと、語ることばが厳しく立ち上がってきます。

124

Ⅱ　詩を読む

ことばと　きまりの気持ちを　ひきはがす
解釈通りじゃつまらない

日本の近代以降の詩には、つくる場合も一定の決まりはないようです。（和歌や俳句には決まった音数律があります）

読む場合もどう読んでもいいのです。でも、なぜかきまりがあるようで、かまえてもっともらしく、いわゆる詠嘆調で読む人がいます。熱を込めて読むかんじの人もいます。ちょっと暗っぽく読む人もいます。少しうたうような感じで読む人もいます。

詩なんてわからないからと読む前に尻込みしてしまう人も多いでしょう。

ところが、これはこういう意味だからと、解釈されたとおりを読む人がいてとても驚きました。詩は意味だけなのでしょうか。一つの解釈だけに縛られない、いろいろな想像、飛躍があり、それを読むときに少しでも自分（読む者）が体験できたらいいと思っていましたから。

今はかなりいろいろな読みが試みられているようですが、まだまだ、何となくこんなふうに読むという観念に縛られている人が多いようです。まずは、そういう読みの固定観念を崩す練習を、二つしてみます。

【練習1】は、<u>意味に囚われず、声の大小、高低、遅速でいえるようにしてみる</u>ものです。

【練習2】は、<u>出来るだけ自分のなかにあるものを発散してしまうように声を出す</u>、はた目には大声でわめいていると思われるくらいやってみる。さらにありったけ、朗々と声を出して読むのです。

【練習1】

①まず、読んでみます

「落葉松」　　　　　　　　　　　　　　北原白秋

一

からまつの林を過ぎて、

からまつをしみじみと見き。

からまつはさびしかりけり。

たびゆくはさびしかりけり。

二

からまつの林をいでて、

からまつの林に入りぬ。

からまつの林に入りて、

また細く道はつづけり。

三

からまつの林の奥も

わが通る道はありけり。

霧雨のかかる道なり。

山風のかよう道なり。　（以下略）

（一、二、三は読まない）

②次に、大小交代に

一行目は大きい声で、行の終わりまで同じ大きさで読みます。

同様に、二行目は小さい声でと、行ごとに大小大小と交代に読んでいきます。

（意味に引きずられて加減しないようにやります。以下同じ要領で。）

③次は、高低交代に

一行目は高い声で、二行目は低い声でと、読んでいきます。

（高さの間隔はド→ソ４度ぐらい）

④おしまいに、遅速交代に

一行目はゆっくり、二行目は速く(かなり速い感じで)と、読んでいきます

さらに、出だしを逆にしてやってみる。またさらに、変化を三段階にしてやってみる。

意外な感じに驚いたり、思わず笑ってしまったりするかもしれません。この意外な感じ
をよく味わってもらえればと思います。

機械的に難なくやれてしまう人には、あまり役に立たないかもしれません。

【練習2】
①まず、いつもやる読み方でどうぞ

「春と修羅」　　　　　　　　　　　　　　　　宮沢賢治

心象のはいいろはがねから
あけびのつるはくもにからまり
のばらのやぶや腐植の湿地
いちめんのいちめんの諂曲模様
　（正午の管楽よりもしげく
　琥珀のかけらがそそぐとき）
いかりのにがさまた青さ
四月の気層のひかりの底を
唾し　はぎしりゆききする
おれはひとりの修羅なのだ　（以下略）

〈諂曲；自分の意志を曲げて他人にこ媚び諂うこと〉

---

②精一杯の大きな声でありったけ言います
　怒鳴ってもいい、喉を傷めないように。

③少し余裕ができたら
　一行目は、はがねになったか、ぶちあたったか、そんなかんじ。
　二行目は、高く高く声が伸びていくように。三行目は、下の方に精いっぱい広げる感じ。
等、少しイメージを加えながら、でも、声の勢いは保ったまま、気持ちをぶっつけるよう
に言っていきます。
　最後すっきりするまで。

　こうして意味にあまりとらわれない読み方を、一つ体験してみてもらえればと思います。

■詩　補遺
　詩は、コトバからコトバへ飛び移れるかどうかが、ポイントだと思います。
　読む人にとっては思ってもみないコトバがあらわれるのです。飛び石を飛ぶように。

127

石は、詩人が、記録して、用意していてくれます。(石の位置は？　不定かも)

　飛べるかどうか。思い切りがいるのではないでしょうか。発見とも言えます。

　読む人の今まで、言いこなしてしまって、そのとびうつりの素晴らしさを打ち消してしまう読みでは、詩が泣くでしょう。

　追体験するのかもしれません、詩人のあとを。

　次々と移っていくうちに、石を覆う、流れがうまれます。渦や淵、よどみ、急流、また、ゆったりとゆくながれが。詩を読むと言うのは、そういう冒険なのではないかと思います。

G
練習と発表

I 練習のすすめ方

(1) 一遍にはできない—少しずつ育てる、それが練習？

少しずつはっきりさせていく、といってもいいでしょう。
一瞬にしてできてしまう場合もありますが、それはごく稀なことです。

(2) おおまかに・こまかに、組み合わせて

短いものでしたら、いつも全部読み通す練習でもいいでしょう。
それでも、
・自分でここまでは十分練習したという部分を、つくりながら進めるやり方。
・苦手な部分を、ものにしてから全体にとりかかるやり方。
・気にいった部分の調子をよくつかんでから全体におよぼしていこうとするやり方。
——などいろいろあります。
その作品、その時の自分の状態などにあわせて、やってみましょう。

（3）どこまでやったらいいの？—自分をある程度コントロールできるまで

　練習はどのくらいやったらいいのか聞かれることがあります。自分が納得のいくまで、と言います。たいていは、できないことのほうがおおいようですが、やれるとしたらですね。

　自分がどんな条件下でも、だいたいこのくらいはいつもできると思ったら、発表の機会を見つけて、どんどんやってみることです。その体験から、さらに学ぶことが多いでしょう。

Ⅱ 発表のとき

（1） 発表するとき

　練習の時でも、聞いてくださる人がいるときは、一回一回が発表です。

　小会場と、舞台では少し違います。

　舞台は、どんな小さな劇場でも、天井が高く奥行が深く感じられ、一段高いため、聴く人と直接コンタクトがとりにくいものです。事前に行って、見当をつけておきましょう。自分の声がどこまでとどくか、客席にすわってもらって確かめてみます。

　マイクはできるだけ使わないようにします。マイクの場合でも、はなしかけるようにしましょう。

①立ち位置

　小会場の場合　聴いている方々と自分が、一番落ち着けるところを探して。

　ばらばらに散らばっている場合は、周りに集まっていただくのもいいでしょう。

　舞台では　たいてい指定されているものです。舞台袖からその場所まで何歩ぐらいで行けるか、練習しておくといいでしょう。歩くとき気をつけて。ふだんのまま自然にいければ十分。

132

照明が入って、まぶしかったり、台本が見えなくなったりする場合があります。

時間があればあててもらって、慣れておくこと。

立ったままでやるか、椅子にすわってやるか、作品などに合わせて。

位置を途中で変えたり、歩き回りながら読みたいという場合もあるでしょう。

②台本の持ち方／スタンド

台本は途中でバラバラになったり、見にくくならないように準備しておいて。

緊張で、だんだん顔を隠してしまったり、脇を締め付けていたりしがちです。

声が台本のむこうへ行くように、気を付けて。

スタンドに台本を置くやり方もあります。

台本の文字は、出来るだけ大きく読みやすく。間に合わせでなくしっかり用意したものを。付けた印なども見えるかどうかチェックしておくといいでしょう。

③場つくり

たいてい、準備されていて、自分はそれに乗ればいいことが多いでしょう。

できれば、積極的に場を作っていくようにします。

(2) よいグループ作り

●感想を言いあう―よみ終わったらすぐにみんな一言ずつ

その一言で気づくことも多いし、そんなふうにも感じられるのかとか、そこからも気づかされることがあるものです。読みを批評とまでいかなくても、それについて、いろいろ言うことはあまりしないので、適当な言葉はあまり用意されていないものです。

たいてい短い時間内で、さっと言わなくてはならないので、それがいいのかもしれません。批判を受けたことのあまりない方でもそれに慣れてください。

よくある誤解は、自分の全部を否定されたと思ってしまうことです。おおくは、言っているそこのわずかな部分のことなのです。変に落ち込まないことです。

お互い言いたいことも言えるような仲になって、よい聞き手が生まれます。

仲間をうならせたらしめた？ものです。

(3) 作品選びはけっこう大変―短いもの・読めそう・好み

そうです、けっこう大変です。文学好きな方ばかりとは限りません。そういったものは教科書で読んだだけという人もいます。そんな方でも、やってみたいと思われて、何が面

133

白かったのか 10 年やってこられて、いまでは、老人ホーム、子どものお話し会、障害者の
グループでの紙芝居にと活躍されている方もいます。

　短くてこれはと思うものが、なかなか見つからないし、それにまず自分が読めそうなも
のでなければならないし、など迷います。それに好みもありますしと、なかなか決められ
ないものです。でも、選んでいくのが、読むことの力になります。

●**作品選びの"コース"**
　　民話童話→エッセイ→フィクション（現代物）→時代物

　だいたい、上のようなコースをたどっていくようです。
　ＳＦ、現代の推理物などに挑戦される方はあまりいないようです。まれに、翻訳ものを、
やる方もいます。

(4) ひとり立ち

　自分が演出家　頼れるのは自分
　聞き手が鏡　知らせてくれる
　話し終わって　空っぽになる

　自信は十分とは言えなくとも、機会があれば、聞いてもらうことが、それまでの稽古を
完成させます。ちょうど、焼き物が窯で焼かれて仕上がるように。

H

朗読─言葉の整理

I 定まっていない言葉

　朗読は、まだ若い表現なので、その中身について検討する場合、必要な言葉が、あまりしっかり定まっていないといえます。

　実際の練習の場では、短い時間で受ける当人が分かってくれるように、相応しい言葉を用いようとしています。その場その場に応じた表現で言っているのです。結果として、同じことでも違う言い方をしてる場合もでてきます。ひどくこだわりを持って使っている言葉もあります。

　本書をまとめるにあたって、よく使ってきた言葉を整理してみようとしましたが、ある事を言うのに、一つの言葉に絞るには、やはり無理があります。

　例えば、肝心な**「朗読する」**というコトバ。「朗読」というのは、もっとも一般的なコトバですが、どうも抵抗があります。

　「朗読」というコトバには、自分のためによむイメージがあるのではないか。また、どうも聞いている人の頭の上を通り越して言うような印象があると思うのです。もちろんこれは、私のかなり個人的な印象かもしれません。そして、それぞれの人がかなり違うイメージを持っていると思います。

　辞書などの定義では、「朗らかな大きい声で高らかに読むこと」とあります。ぼそぼそと言ったり、恐そうに言ったりするのはどうなんでしょう。

　ふつう、書いてある文章を、声に出して読むのを**音読**、それに**表現**が加わったものが朗

読といわれます。

その表現には、（日本語の）音を正確に言う、単語やフレーズの音声の流れに、大小、強弱、高低、遅速、強調（卓立）、間（ポーズ）、テンポリズムの変化をつけることで、文章の内容に興味を持てるようにしていくことをふくみます。

さらに、これらとともに、読みに、惹きつける力と、さまざまなニュアンスを生み出すものを探す努力がされてきたといえます。

ひとつは、明るく、元気よく、格式ばって、親しみを込めて、など、おおまかに求めることでも、読みに変化が生まれます。これは読む人のある場面に応じる態度が、読みに表現をもたらすということです。

またよく「もっと感情を込めて」という言い方で、言う人の内面の動きが、言葉のニュアンスにあらわれるのを期待することもあります。

どちらも外面的な表現だけでは物足りなく、何か言葉の表現に加えられないか探っています。

でも今のところ、これらをさらに深く明らかにしていこうとする試みは、まだ少ないといえます。

振り返って、この本でわたしたちがこれまでやってきたことは、朗読する人の内面の活動が、言うコトバに少しでも現れるものだろうか、ということです。

おおまかにこれまでの流れをみてみます。

まず、こえ、発音を相手にとどかせることからはじめて、言う人の関心が、主に集中するエリアを仮に定めてみました。生理感覚、事実、イメージ、感情、行動の5つです。（感情をと求めるとき、感情がないほうがいいような場合、事実だけが大事というときもあり、感情は邪魔になります。そこで、言う人の関心が主に集中するエリアが、いくつか想定できるのではないかと思ったわけです。）

そうしてみると、言う人の関心がどこのエリアに集中しているかによって、何が主要なものかがはっきりします。

実際やってみるとかなり際立った変化が言うコトバに現われ、表現がはっきりします。関心は言葉だけでなく、態度、身体の状態の変化にもあらわれます。

さらに、言う人の関心の、コトバへのむすびつきの度合いによって、無限のことばの表情を生むことがわかります。

この5つのエリアは、きっちり分かれているものでなくて、場合によってひとところに集中するのです。その場合でもほかのエリアと連動していて、ほかのいくぶんかがいつも含まれていると思います。

このうち、行動は、一つの文章・作品の中を大きく流れているものがあります。大枠と言っていいでしょう。

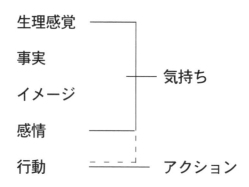

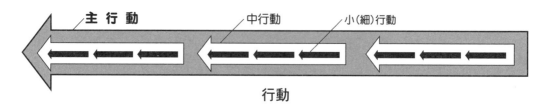

　部分的に行動の流れが際立って見えているものを、アクションとします。
　ほかの４つのエリアをまとめて気持ちとします（行動を除くわけですが時には含んでいる場合もあると思います）。
　場面など長い部分では、大きくまとめて、気持の流れを重視するものと、行動のつながりの示されているもの（アクション）とに分けてみます。【91ページ「ふなうた」、95ページ「冬・防衛庁にて」を参照】
　流動していくものとしてとらえることが大事です。
　気持ちには、感情・意欲などが含まれ、アクションでは、ある力・気迫のようなものも含みます。

　このように、コトバそれ自体が示している事実にたいし、言う人の、関心・態度が、いやおうなくコトバに含められているのが、朗読のコトバです。

　以上のような考えにもとづいて、朗読の表現をクリアに（明確に）していこうとしています。
　言語、日本語の分析の言葉、また小説、物語などでの作品の分析の言葉を借りながら、表現の状態について説明していこうとしています。また、（前述のとおり）練習の場では、限られた時間内、その場その場で最も有効な言い方をしてきています。本書はそうした練習の場から生まれてきたこともあり、言葉の使い方があまり厳密でないので、はっきりしてほしいと思われる方もおられたと思います。
　これまで出てきた言葉を少し整理し、関連する言葉をまとめておきます。どのような意味で使い、うまく言い当てる言葉をどのように探しているところかなど、説明できればと思います。

Ⅱ 「朗読」という言葉から

まず、朗読。

「朗読は、人が作品を声で読んで、その場にいる聞く人と共に楽しむこと」
A　　C　B　　E　　　　F　　　D　　　G

と仮に定めてみます。

キーワードをあげてみましょう。　（人が＝読む人が　です）

- **A**　朗読
- **B**　作品　（活字　暗記
- **C**　読む人　（読み手
- **D**　聞く人　（聞き手
- **E**　声で読む（声を出して読む
- **F**　その場　（放送　CD録音
- **G**　楽しむ　（感動する　享受する

すぐにちょっと言い換えたり、ことわりを入れたくなります。
すこし説明を入れて補ってみます。
「**朗読**」　これについてはあとで述べます。
「**作品**」は、あらゆるジャンル、一部分、断片でも。大事なことは、今や、書かれて活字

になっているものを読むのが大勢です。暗記して話したり語ったりする場合、準備が少し
ふえるようです。

　「読む人」 ふつう、読み手とか、語り手とかいいます。働きの一面を重く見るからでしょ
う。「人」を含めたいときもあります。【後述、142ページ参照】

　「聞く人」 これも、「聞き手」、たくさんいると聴衆といわれます。「人」を加えると、動
かすのに更なるエネルギーがいると予想されます。

　「声で読む」 声に出してとふつう言われますが、声（発音も含めて）そのものが一つの
表現となっていくのを重視したいからです。人も一体です（声を出すというと、なにか主
体が別にあるようなので）。（注─主体は別という考え方もあり）

　これは、活字を黙読して作品を直接読むのと、かなり違っています。

　読む人の習練が必要とされるところです。

　聞く人、受け取る人の要求、満足度、なんで聞くのか？まで求められます。

　「その場で」 肉声を聞く、を基本としたいのです。はやくから、放送での朗読は、大き
な力を持っています。さらに、録音技術の発達でCDなど様々な音源で「場」もひろがり
多様にできるようになっています。これらの場も含めましょう。

　「楽しむ」と言い切れるまでにいくといいのですが。以前は、「感動する」が当然のよう
に目的とされていました。そこまでは、いつもできるというわけにはいかないからなァ、と
ためらいがあります。「感銘する」「享受する」など、やさしい言葉でいいたいのですが、み
つかりません。「おもしろい」でもいいけれど、ちょっとずれる場合もあるし……。

　朗読を聞くことに何を求めるのでしょう？

　ただ、一人作品を読んでいればいいのに。声の力、他者の息吹……

　さらに、次のことも考慮に入れておいた方がいいでしょう。

　人が作品を声で読むとき、作品を直接読むのとは違ってしまいます。当然。
だからそこで、声でよむときは、できるだけ作品を直接読むのと同じになるようにと求め
られます。

　これは、読む人が、声で読むさまざまな習練をしてできるようになることです。

　習練は、これまで、ここで探ってきたものの全てです。

Ⅲ 朗読にまつわるコトバ

ここから、個々のコトバについて、コメントしていきます。

お話し　もの語り　作品　物語　テキスト　よむもの　書いてあるもの
（民話　童話　現代小説　近代小説　推理小説　怪談　時代物　エッセイ　詩　落語　笑い話　古典）

　何をやるのですか？ と言われて、まとめていう言葉がないのに、いつもとまどってしまいます。テキストというのがいいのですが、この本では作品で通しました。実際持ってこられたものは、多方面にわたります。ほとんどのジャンルです。

　すべて、やる人がその時それでもって、なにか表現したいという気持ちを第一として、尊重してきています。

　練習では、よむを多く使います。相手がいるとき、聞く人がいるときは話すとも。相手がかなり意識されているばあいです。

　発表などあらたまった場所には語るを使いたいところです。エッセイなどは、語るはちょっとふさわしくなく、小説もものによります。ある長さがいるのかもしれません。言う修練、技術が期待されてる場合かもしれません。

　子どもにむかって読むのは、お話しするでしょう。この「お話」も、「お話し」と何気なく「し」をおくって使ってしまっています。どうしてだといわれると困ってし

141

まいます。お話、というとどうも動きが止まってしまう感じです。お話しはもっと流動的で、話す人によってずいぶん変わった印象を聞く人は持ちます。お話し自体にも変わっていこうとする力があるのだと思います。もちろん今は、活字に記されて形がはっきり決められていますが。一つの話には、だれが話してもその話の核になるようなものがあって、それは動かせないものでしょう。（それがなかったり、違っていると、「違う話」になるわけです。）

　お話自体が働きかけてくる力を表わしたいのだと思います。

　「よみきかせ」というのがあって、お話を聞かない子に、聞かせようという、努力を感じさせる言葉があり、そういう催しも多く、かなり、普通の言葉になってきているようです。でも強制の匂いを嫌う向きもあるようです。もちろん、その中にも、コトバにかかわりなく、否応なくお話の中に連れて行ってくれる素晴らしい方もたくさんいらっしゃいます。

話す　語る　読む　朗読（する）音読　音読み
話し手　語り手　読み手　話す人　演者（口演者）
聞き手　聞く人　聴衆

　話す、語る、読む、朗読（する）、音読、音読み。こう並べてみると言う人の姿勢、態度に、ずいぶん違いがあるのが分かります。その個々に応じて、いいあり方を探っているところです。

　話し手、話す人；話す行為のあり方、機能面だけをとらえる場合は話し手でいいのですが、なんでその作品を選んだかなどとつっ込んで訊きたくなるようなとき、その人にまで及ぶような感じがして、話す人といいたくなるわけです。聞き手、聞く人もどちらかといえば、話す方からの意識の区別です。説明の都合で、話し手、聞き手と言ってしまっている場合も多いです。今は、人にまで及ぼしたい気持ちが強くなっています。

場所　時　筋　物語　もの語り
人物造型（登場人物）　場面　状況（情況）
気持ち　心理
情景　叙景　情況

　これらは文章、作品などの分析の言葉から借りるものが多いです。言葉で確定出来るし、長い文学の積み重ねがあります。ただ、注意しなければならないのは、作品の分析の言葉に依っていても、言う人のイメージなのです。確定しがたい、その時々で変化し、時には、浮かんでない、消え失せている場合もある、そういったものを相手にしているのを忘れないでほしいと思います。それを、声や、音や、言い方、声音な

142

どから判断し、動かし、集中させて、表現としていくのです。

　これらは言うときにどうしたら表せるかで、独自の言葉がもっと生まれていくのではないかと思っています。

地の文　筋立て　プロット　構成
ヤマ場　サスペンス　伏線
せりふ　会話

　読む人は知らず知らず作家と同じような作業をしなくてはならないようです。ある見通しを持たないとやっていけないし、読めない。その場限り、行き当たりばったりというわけにはいかなくなるのです。

　また先が分かっているからと言って、予測させるような言い方、態度の声音が少しでも入ると、何を言ってもダメになってしまいます。あくまでも、言っている、「現在」に生き続けるのが大事です。

　セリフ、会話の部分はほとんど役者のセンスです。難しく考えることはなく、けっこう人に話している時、あの人はこう言ったと、あの人そっくりの言い方をしている人がいます。その調子でやればいいのです。

講話　話芸　おしゃべり
はなしことば　こえことば　音声言語　声技（コエワザ）
書きことば　文語　口語

　書きことばや、古文、色々なスタイルも、口に上せなくてはならない場合も出て来ます。日本語を話している自分たちの祖先たちの使っていた言葉を口にのぼせる楽しみです。（学校の授業の記憶が遠くなっているといいのですが）あまり、今の自分に、言いやすいように言いこなそうとしないほうがいいでしょう。もっとその言いにくさを味わって、その時代、その人物の気持ちを思いめぐらしてみるのもいいでしょう。自分なりの思わぬ発見があるかもしれません。

単語　句　文節　文　文章　フレイズ
息　声　発声　発音　声だし　ひびき
母音　子音　発音記号　調音点
間　間合い　パターン　うたう

　文章とのかかわりで、必要となる言葉です。

　長さのある、お話しも、一音の言い方が、問題になります。説明にやはり必要です。時間の節約のためにも、これらのアウトラインは共通理解ですすめたいところです。もちろん、必要に応じて、注釈を加えながら。

こうしてみると、独自の術語と言えるものがないことに気づきます。借りものばかりで。歴史が浅いからでしょうか。時として、まとめて言えるコトバ＝「術語」がほしい場合があります。

間；　単に時間を区切って間を空けるのではない。【『こえことばのレッスン3』間について（p27）参照】　長短3段階に分ける向きもあるようですが。

パターン；　いつも同じ調子で繰り返される言い方です。短い文が続く場合、〜タ、〜タ　など語尾が同じ音で終わりになる場合、同じ調子になる人が多いのです。これは聴き分ける耳（？）がまず、出来ないと、終わりの音を上げ下げできないようです。きき分けることが大事なのです。

ウタウ；少し長めの文を言うとき、一定の調子がついてしまうのも、気をつけたいものです。

練習　レッスン　稽古
コーチ　チューター　進行係

表向きは、レッスンを使っていますが、ダンスのレッスンみたいで照れます。赤ちゃんが一言ずつ覚えていくようにやっている場合には、相応しいかなとも。楽しくやりたい感じがあるので、なんと言ったらいいか。ふだんは「練習」、発表前は「稽古」の感じにどうしてもなってしまいます。

指導者は、「センセイ」と呼ばれてしまいますが、コーチと呼ばれるのがふさわしいと思います。「やる本人がやりたいと思っていることを、実現する手助けをする人」というコーチです。

リーディング　朗読会　群読
暗誦　台本　プロンプ

発表のあり方についての言葉です。

以上、一つ一つきちんとした定義を定めることになりませんでしたが、これから、もの語り、朗読について、論議される機会が多くなれば、もっと整理され、また相応しいことばが生まれていくと思います。

144

あとがき

　朗読は、とにかくはじめることです。やっているうちになんとか聞けるものになっていくものです。この本で、少しはお手伝いできるかと思っています。

　これはそもそも、演劇で、役者が台本のセリフをいかにいうか、からはじまったものです。そのころ、セリフは情念とパッション中心で、そればかりではないだろう、それ以外のことも含めてとらえようとすると、ほとんど、手引きがない状態でした。

　そこから、ことばの音声表現全般を「こえことば」と名づけ、その表現のありようを探っていこうと思い、演習題を作り実際に確かめながら、そのレポートを、『こえことばのレッスン』として順次いくつかまとめてきました。今度、機会をいただき、これまでの全体を、朗読を中心とした「こえことばの表現技法」ともいうべきかたちにすることができました。

　いまは、この多彩な表現が集約している朗読に魅惑されています。

　レッスンを記録したMD音源の一番古いものは2002年でした。会として始動したのが1980年代の終わりです。そのころ、朗読に対する関心はわずかなものでした。それから30年近くたった現在、毎日どこかで朗読の会が開かれているといってもいいようです。

　これは、レッスンを共にしてきた方々との共同作業の成果です。

　それまで朗読などやったこともなかったし、これからも特に専門的にやろうということでもなく、ただ、なにかを表現したいという気持ちを、とりあえず朗読に求めてきたといった人ばかりです。この方々が、様々な問題を持ち込み、コーチの私とあれこれ試み、たいていは速やかに、あるものは粘り強く取り組んで、解決して、別のステージに出ていかれた記録です。いくつか貴重な実践の記録は割愛しなければなりませんでした。とても長くお付き合いいただいている方もいます、僅かな期間でしかなかった方もいます、それぞれに深く印象を留めています。ここにあらためて、万感を込めて感謝いたします。

　刊行にあたっては、このたびも、晩成書房代表水野久氏に多大のご尽力をいただきました。ここに深くお礼申し上げます。水野さんは、こえことば発足と同時と言ってよいくらい長年かかわっていただいています。今回も、レッスンの記録をまとめるくらいのつもりで始めたものを、このように、分かりやすい構成に編集し、さらに、清新なレイアウトで親しみの持てる本にしていただきました。

　また、栗又美和子さんには、校正と、適切な助言をしていただきました。栗又さんはこえことばの会を共にはじめ、子育てを終えてまた一緒にレッスンできるようになり、嬉しいことです。

　朗読は、瞬時に消えていってしまい、わずかに聞いた人の記憶にとどまっている、そんな小さな奇蹟のようなもの……ひととき、ささやかに身をゆだねたいと願うものです。

2017.7.7　七夕

参考文献

パッツィ・ローデンバーグ
　　『ボイストレーニングの本──あなたの生き方を変える』吉田美枝訳、劇書房、2001
竹内敏晴『声が生まれる──聞く力・話す力』中公新書、2007
竹内敏晴『「からだ」と「ことば」のレッスン』講談社現代新書、1990
斉藤純男『日本語音声学入門（改訂版）』三省堂、2006
天沼寧／大坪一夫／水谷修『日本語音声学』くろしお出版、1978
福盛貴弘『基礎からの日本語音声学』東京堂出版、2010
ロラン・バルト『物語の構造分析』花輪光訳、みすず書房、1979
ミハエル・バフチン『小説の言葉』伊東一郎訳、平凡社ライブラリー、1996

著者紹介

さき えつや

1933年東京に生まれる。
舞台芸術学院、東京都立大学修士課程(仏文学専攻)修了。
ぶどうの会養成所、変身を経て、竹内演劇研究所等で、
舞台演出、俳優教育に携わる。
現在、こえことばの会主宰。
劇作　ミュージカル「長崎感傷散歩」「希臘昔日女権魁」
著作　『こえことばのレッスン』シリーズ全3巻・別巻（晩成書房）、
　　　『からだのドラマレッスン』0・1（晩成書房）

朗読：声を奏でる
　　──こえことばの表現技法

| 2017年11月10日　第1刷印刷 |
| 2017年11月15日　第1刷発行 |
| 著　者　さきえつや |
| 発行者　水野　久 |
| 発行所　株式会社 晩成書房 |
| ●〒101-0064東京都千代田区猿楽町2-1-16-1F
● TEL 03-3293-8348
● FAX 03-3293-8349 |
| 印刷・製本　株式会社 ミツワ |

乱丁・落丁はお取り換えいたします。
Printed in Japan
ISBN978-4-89380-470-9 C0076